Viva o Brasil!

❶ リオの人にとって、ビーチは庭であり、社交場でもある
❷ コルコバードの丘。キリスト像がリオの街を見下ろす
❸ コルコバードの丘から望むリオの街

Cidade e praia

❶一番人気は定番のココナツジュース
❷ブラジルのビーチは遊び心がいっぱい
❸砂のオブジェ。無名アーチストが作品を作り、気に入った人がチップをあげる
❹コパカバーナのビーチ。ビーチスポーツを楽しむ人が多く、国際大会もよく行われる

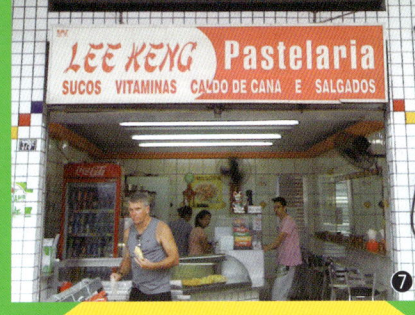

❺レストラン・バー"Garota de Ipanema"。店の前を颯爽(さっそう)と歩く美少女エロイーザを歌ったボサノヴァが世界的大ヒットに

❻イパネマ地区で毎週日曜日に開かれるヒッピーマーケットには、いつもたくさんの人が訪れる

❼ブラジルのファーストフード店、パステラリーア(Pastelaria)。フレッシュジュースや揚げ物などを売っている

❽コルコバードのキリスト像は、街のどこからでも望むことができる。「コの字」型のものはビーチバレーのゴール

Corcovado

❶ コルコバードの丘に立つキリスト像。1931年、独立100周年を記念して建造された。台座を含めた高さは約40メートル
❷ ゴミは緑がガラス・びん（vidro）、赤がプラスチック（plástico）、黄色が缶・金属（metal）、青が紙（papel）のように分別されている
❸ 観光スポットには英語の表記も必ずあるので安心
❹ 観光客相手にサンバのパフォーマンスをする若者たち。ケーブルカーの車内で

Pãn de Açúcar

❺パン・デ・アスーカル（Pão de Açúcar）は「砂糖パン」の意味。海抜396メートルの花崗岩の一枚岩

❻ロープウェイの運行状況を案内する電光掲示。「Lugares：0」は「空席ゼロ」

❼ロープウェイからの景色は壮観。右がボタフォーゴ湾、左がコパカバーナ海岸

❽パン・デ・アスーカルの頂へはロープウェイを2回乗って行く。手前（左）にあるのが「ウルカの丘（Morro da Urca）」

❶サンバチームでは、リーダーの指揮のもと、決められたパターンを演奏する
❷カーニバル期間中は、街のあちこちで演奏が行われる
❸サンバパレードの主役ともいえるのがポルタ・バンデイラ（porta-bandeira：女性旗手）と、その補佐役のメストリ・サラ（mestre-sala：男性旗手）
❹サンバコンテストではチームごとにテーマが決められ、それに合わせた衣装や歌、そして巨大な山車が一年がかりで作られる

Samba

Iguazu

❶イグアス川下流にある「イグアスの滝」は、その規模で他を圧倒する世界最大の滝。遊歩道、船、ヘリコプターから見ることができる

❷ポルトガル語由来の日本語は多く、「カッパ」もそのひとつ（capa から）

❸「イグアス」は先住民の言葉で「大いなる水」の意味

〔協力＝アルファインテル南米交流〕

10フレーズで
楽しいブラジル旅行を

　豊かな自然に豊かな文化が育まれている国、ブラジル。歴史遺産、海岸や緑豊かな風景、料理など、その様々な魅力が私たちを旅へと誘います。
　新たな土地との出会いは新たな人との出会い。ポルトガル語で言葉を交わすことができたら、旅の楽しさもひと味違ってきます。人のぬくもりが心に残る素晴らしい旅になるでしょう。

　本書は10の基本フレーズから始めて、旅行の場面に対応した会話文が、各項目の「基本フレーズ」と「言い換え単語」で作れるように工夫されています。すぐに使える定番表現や単語も多数、収録しました。

　また、すべてのポルトガル語フレーズ、単語にカタカナ読みが添えてあります。まず、声に出してみましょう。コミュニケーションの第一歩です。

　本書を活用して、素敵な旅の思い出を作られますよう、願っております。

著者

CONTENTS

はじめに　　1
本書の使い方　　4

出発24時間前編　　5

ポルトガル語の基礎知識　　6
基本の10フレーズ　　8
コミュニケーションに役立つ15の常用フレーズ　　18
定番応答フレーズ8　　19
知っておくと便利な表現　（数字／序数詞／値段／疑問詞／時刻／時の流れ／時間の長さ／日付／暦の月／曜日／時期／位置／人）　　20

場面別会話編

● 機内・空港編　　33

機内で	（場所を聞く／乗務員に用事を頼む／機内食を頼む／飲み物を頼む）	34
到着空港で	（入国審査／荷物の受け取り／紛失手荷物の窓口で／税関審査／通貨を両替する）	39
空港から市内へ	（交通機関の場所を聞く／タクシーの運転手に頼む）	46

● 宿泊編　　49

問い合わせ	（客室のタイプ／料金を聞く／施設の有無を聞く）	50
フロントで	（希望を伝える／館内施設の場所を聞く）	54
部屋で	（使いたいと伝える／欲しいと伝える／朝食を注文する）	57
トラブル	（故障している）	63

● 飲食編　　65

店を探す	（店を探す）	66
カフェで	（飲み物を注文する／食べ物を注文する）	70

レストランで	（席のリクエストをする／メニューを頼む／飲み物を頼む／ワインについて／前菜を注文する／メインディッシュを注文する／デザートを注文する／アイスクリームを注文する／料理の感想を言う）	70

●買い物編 81

店を探す	（店を探す／売り場を探す）	82
洋服・雑貨などの専門店で		84
	（服を買う／デザインについて尋ねる／生地について尋ねる／色について尋ねる／サイズについて尋ねる／かばん・靴を買う／雑貨を買う／ギフト雑貨を買う／アクセサリーを買う／化粧品を買う／文具を買う／日用品を買う／ラッピングを頼む）	

●観光編 101

観光案内所で	（観光名所への行き方を尋ねる／都市への行き方を尋ねる／希望を伝える）	102
乗り物を利用する	（乗り物のチケットを買う／タクシーに乗る）	109
観光スポットで	（チケットを買う／許可を得る／写真を撮る）	114
スポーツ観戦		120

●トラブル編 123

トラブルに直面！	（助けを呼ぶ／盗難に遭ったとき／紛失したとき／連絡を頼む）	124
病院で	（発症時期を伝える／薬を買う／薬の飲み方の説明）	132

すぐに使える旅単語集500 137
さくいん　　　　　　　　　　　　　　　　　163

本書の使い方

本書は、「出発24時間前編」「場面別会話編」「すぐに使える旅単語集」の3部構成になっています。

1) 出発24時間前編

本編を始める前に、「基本の10フレーズ」を紹介します。各フレーズについて複数の例文(8文)を載せています。この例文は、「日本語→ポルトガル語」の順でCD-1とCD-2の前半に収録されていますので、音声に続いて繰り返し練習してみましょう。出発24時間前でも間に合いますが、余裕のある人は3日～1週間前から練習すると効果的でしょう。

CD-1にはほかに、「15の常用フレーズ」、「定番応答フレーズ8」、「知っておくと便利な表現」も収録されています。

2) 場面別会話編「基本フレーズ＋単語」

海外旅行のシチュエーションを「機内・空港」「宿泊」「飲食」「買い物」「観光」「トラブル」の6つに分け、各シチュエーションの基本単語を精選して収録しました。どの単語も基本フレーズと組み合わせて使えるようになっています。

> CD-1とCD-2の前半には出発24時間前編と場面別会話編の「フレーズ」「言い換え単語」「定番フレーズ」が「日本語→ポルトガル語」の順に収録されています。

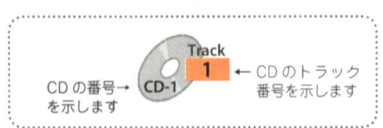

3) 巻末単語集「すぐに使える旅単語集500」

旅行でよく使う単語を巻末にまとめました。単語は旅行のシチュエーションごとに分かれているので、旅先で知りたい単語を引くのに便利です。

出発24時間前編
基本の10フレーズ

基本知識を定番表現とまとめてチェック!

ポルトガル語の基礎知識

① 名詞の性、数、定冠詞

ポルトガル語の名詞には文法上の性があり、男性名詞か女性名詞に分けられます。本書では単語だけを紹介するときなどに、男性名詞の前に定冠詞 o を、女性名詞の前に a を置いて男性名詞か女性名詞かを示しています。

男性名詞

o pai 父
オ パイ

o avião 飛行機
オ アヴィアウン

女性名詞

a mãe 母
ア マンイ

a mala スーツケース
ア マーラ

不定冠詞は男性形が um、女性形が uma となります。数字の 1 と同じ形なので注意しましょう。

② 性・数の一致

単数形と複数形の区別があり、単数形を複数形にするには、例外はありますが語尾に -s をつけます。また、名詞が複数形になると定冠詞や形容詞も複数形になります。形容詞は基本的に名詞のあとに置き、名詞の性と数に一致して変化します。

os carros japoneses 日本車
オス カーホス ジャポネーゼス

as comidas japonesas 日本料理
アス コミーダス ジャポネーザス

③ 主語の省略

主語が明らかな場合、話者の判断で主語を省略できます。

④ ブラジルのポルトガル語

　ポルトガル語は、ポルトガルのほか、アフリカのアンゴラやモザンビーク、アジアの東ティモール、南米のブラジルなどの公用語です。ブラジルのポルトガル語（以下 PB）には、他のポルトガル語圏（以下 PE）と違う独特の発音や形もあります。本書では、PB の中でも特に世界有数の観光地リオデジャネイロで話されるポルトガル語を中心に紹介していきます。地域や個人によって差がありますが、PB と PE の主な相違点は次のとおりです。

- 語末の -s の発音が PB では /s/「ス」ですが、PE とリオデジャネイロでは /ʃ/「シュ」となります。

- -rr- の発音はリオデジャネイロを含む PB では /ɦ/ /x/「強いハ行」ですが、PE では /r/「巻き舌のラ行」となります。なお、PB の影響を受けて PE でも /ɦ/ /x/「強いハ行」で発音する人が増えています。

- 語末の -te, -de などは、PE の常用発音ではそれぞれ母音が発音されずに /t/「トゥ」と /d/「ドゥ」ですが、PB ではそれぞれ /tʃ/「強いチ」、/ti/「チ」と /dʒi/「強いジ」、/di/「ジ」などになります。

- PB ではトイレは banheiro〔バニェイロ〕といいますが、PE では casa de banho〔カーザ デ バーニョ〕といいます。このように単語によっては違う場合もあります。

- 目的語は、PB では基本的に動詞の前に置かれます。

　本書では、ポルトガル語のより広い使用に供するよう、ポルトガル語圏で一般に通じるルビを付していますが、CD ではリオデジャネイロ出身話者による音声を収録したため、ルビと音声の間に多少の差異があります。また、ネイティブの発音には日本語にない音もありますので、カタカナで表すには自ずと限界があります。カタカナルビはあくまで補助的なものですので、ポルトガル語の実際の音と表記を第一に学習してください。

基本の10フレーズ

~をお願いします。
~ , por favor.
ポル　ファヴォール

　レストランで料理や飲み物を注文したり、ショッピングの場面で店員さんに買いたいものを伝えたりと、さまざまな場面で使える便利なフレーズです。欲しいものの単語のあとに por favor をつけるだけです。

言ってみましょう

オレンジジュースをお願いします。	**Um suco de laranja, por favor.** ウン　スーコ　ジ　ラランジャ　ポル ファヴォール
コーヒーをお願いします。	**Um café, por favor.** ウン　カフェー　ポル ファヴォール
魚料理をお願いします。	**Um prato de peixe, por favor.** ウン　プラート　ジ　ペイシ　ポル ファヴォール
パンをひとつお願いします。	**Um pão, por favor.** ウン　パウン　ポル ファヴォール
お勘定をお願いします。	**A conta, por favor.** ア　コンタ　ポル ファヴォール
チェックアウトをお願いします。	**Check-out, por favor.** シェッキ　アウト　ポル ファヴォール
（乗り物の）切符１枚お願いします。	**Uma passagem, por favor.** ウーマ　パッサージェン　ポル ファヴォール
８時にお願いします。	**Às oito horas, por favor.** アス　オイト　オーラス　ポル ファヴォール

2 〜が欲しいのですが。
Eu queria 〜.
エウ　ケリーア

自分が欲しいものを相手にやんわり伝える表現です。Eu queriaのあとに「欲しい物」をつけます。

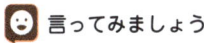 言ってみましょう

水が欲しいのですが。　　　　　**Eu queria** uma água, por favor.
エウ　ケリーア　ウーマ　アグア　ポル　ファヴォール

メニューが欲しいのですが。　　**Eu queria** o cardápio, por favor.
エウ　ケリーア　オ　カルダピオ　ポル　ファヴォール

ワインメニューが欲しいのですが。**Eu queria** a carta de vinhos, por favor.
エウ　ケリーア　ア　カルタ　ジ　ヴィーニョス　ポル　ファヴォール

領収書が欲しいのですが。　　　**Eu queria** o recibo, por favor.
エウ　ケリーア　オ　ヘシーヴォ　ポル　ファヴォール

ツインの部屋が欲しいのですが。**Eu queria** um quarto com duas camas,
エウ　ケリーア　ウン　クアルト　コン　ドゥアス　カーマス
por favor.
ポル　ファヴォール

新しいタオルが欲しいのですが。**Eu queria** uma outra toalha, por favor.
エウ　ケリーア　ウーマ　オートラ　トアーリャ　ポル　ファヴォール

街の地図が欲しいのですが。　　**Eu queria** um mapa da cidade, por favor.
エウ　ケリーア　ウン　マーパ　ダ　シダージ　ポル　ファヴォール

Sサイズが欲しいのですが。　　**Eu queria** o tamanho P, por favor.
エウ　ケリーア　オ　タマーニョ　ペー　ポル　ファヴォール

～したいのですが。
Eu queria ～ .
エウ　　ケリーア

自分がしたいことを相手にやんわり伝えたいときに使う表現です。Eu queria のあとに「自分のしたいこと」をつけます。

😊 言ってみましょう

サンバショーに行きたいのですが。	**Eu queria ir ao show de samba.** エウ　ケリーア　イール アオ　ショー　ジ　　サンバ
テーブルの予約をしたいのですが。	**Eu queria reservar uma mesa.** エウ　ケリーア　ヘゼルヴァール　ウーマ　メーザ
予約の取り消しをしたいのですが。	**Eu queria cancelar a reserva.** エウ　ケリーア　カンセラール　ア　ヘゼルヴァ
日本へ電話をかけたいのですが。	**Eu queria telefonar para o Japão.** エウ　ケリーア　テレフォナール　パラ　オ　ジャパウン
伝言を残したいのですが。	**Eu queria deixar um recado.** エウ　ケリーア　デイシャール ウン　ヘカード
インターネットを使いたいのですが。	**Eu queria usar a internet.** エウ　ケリーア　ウザール ア インテルネッチ
円をレアルに両替したいのですが。	**Eu queria trocar iene para real.** エウ　ケリーア　トロカール　イエニ　パラ　ヘアウ
注文をしたいのですが。	**Eu queria fazer um pedido.** エウ　ケリーア　ファゼール　ウン　ペジード

～してくださいますか。
Você poderia ～ ?
ヴォセ　　　　ポデリーア

相手に何かしてほしいときに使う表現です。Poderia のあとに「してほしいこと」をつけます。

 言ってみましょう

手伝ってくださいますか。	**Você poderia me ajudar?** ヴォセ　ポデリーア　ミ　アジュダール
少し待ってくださいますか。	**Você poderia esperar um pouco?** ヴォセ　ポデリーア　エスペラール　ウン　ポーコ
貴重品を預かってくださいますか。	**Você poderia guardar os objetos de valor?** ヴォセ　ポデリーア　グアルダール　オス　オブジェトス　ジ　ヴァロール
部屋につけてくださいますか。 （宿泊ホテルでの食事代など）	**Você poderia incluir na conta?** ヴォセ　ポデリーア　インクルイール　ナ　コンタ
タクシーを呼んでくださいますか。	**Você poderia chamar um táxi?** ヴォセ　ポデリーア　シャマール　ウン　タクシ
住所を書いてくださいますか。	**Você poderia escrever o endereço?** ヴォセ　ポデリーア　エスクレヴェール　オ　エンデレッソ
道を教えてくださいますか。	**Você poderia me ensinar o caminho?** ヴォセ　ポデリーア　ミ　エンシナール　オ　カミーニョ
私の写真を撮ってくださいますか。	**Você poderia tirar minha foto?** ヴォセ　ポデリーア　チラール　ミーニャ　フォト

 **〜が(この近くに)ありますか。**
Tem 〜 (por aqui)？ 〜．
　　テン　　　　　　　ポル　アキー

> 施設や設備を探しているときに使える表現です。
> por aqui「この近くに」、neste hotel「このホテルに」など、場所を表す表現を添えます。

😊 言ってみましょう

| 郵便局がありますか。 | **Tem um correio (por aqui)?** テン　ウン　コヘイオ　ポル　アキー |

銀行がありますか。　　**Tem um banco?**
　　　　　　　　　　　テン　ウン　バンコ

警察署がありますか。　**Tem uma Delegacia de Polícia?**
　　　　　　　　　　　テン　ウーマ　デレガシーア　ジ　ポリーシア

キオスクがありますか。**Tem uma banca?**
　　　　　　　　　　　テン　ウーマ　バンカ

地下鉄の駅がありますか。**Tem uma estação de metrô?**
　　　　　　　　　　　　テン　ウーマ　エスタサウン　ジ　メトロー

バス停がありますか。　**Tem um ponto de ônibus?**
　　　　　　　　　　　テン　ウン　ポント　ジ　オニブス

タクシー乗り場がありますか。**Tem um ponto de táxi?**
　　　　　　　　　　　　　　テン　ウン　ポント　ジ　タクシ

お手洗いがありますか。**Tem um banheiro?**
　　　　　　　　　　　テン　ウン　バニェイロ

🌼 基本の 10 フレーズ 🌿

6 ～はありますか。
Você tem ～ ?
ヴォセ　テン

お店などで、自分の欲しいものがあるかどうか尋ねるときに使う表現です。

😊 言ってみましょう

絵はがきはありますか。	**Você tem cartões postais?** ヴォセ　テン　カルタウンイス　ポスタイス
切手はありますか。	**Você tem selos?** ヴォセ　テン　セーロス
街の地図はありますか。	**Você tem o mapa da cidade?** ヴォセ　テン　オ　マーパ　ダ　シダージ
もっと大きいサイズはありますか。	**Você tem tamanho maior?** ヴォセ　テン　タマーニョ　マイオール
もっと小さいサイズはありますか。	**Você tem tamanho menor?** ヴォセ　テン　タマーニョ　メノール
エンパナーダ＊はありますか。 ＊肉や魚、野菜などの具の入ったパイ	**Você tem empanada?** ヴォセ　テン　エンパナーダ
プリンはありますか。	**Você tem pudim?** ヴォセ　テン　プジン
パパイヤクリームのカシス添えはありますか。	**Você tem creme de papaia com cassis?** ヴォセ　テン　クレミ　ジ　パパイア　コン　カシス

13

これは〜ですか。
Isto é 〜 ?
イスト エ

目の前の物について聞くときの表現です。服や靴のサイズを確認したり、素材や品質を聞いたりと、使い方はいろいろです。評価を聞くときにも使えます

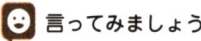 言ってみましょう

これは特産品ですか。	**Isto é típico desta região?** イスト エ チピコ デスタ ヘジアウン
これはシルクですか。	**Isto é de seda?** イスト エ ジ セーダ
これはSサイズですか。	**Isto é de tamanho P?** イスト エ ジ タマーニョ ペー
これは牛肉ですか。	**Isto é carne bovina?** イスト エ カルニ ボヴィーナ
これはおいしいですか。	**Isto é gostoso?** イスト エ ゴストーソ
これは甘いですか。	**Isto é doce?** イスト エ ドーシ
これは塩辛いですか。	**Isto é salgado?** イスト エ サウガード
これは何ですか。	**O que é isto?** オ キ エ イスト

基本の10フレーズ

～してもいいですか。
Eu posso ～ ?
エウ　ポッソ

相手に許可を求める表現です。Eu posso のあとに動詞を続けます。

言ってみましょう

Track 9 CD-1

ここでタバコを吸ってもいいですか。	**Eu posso fumar aqui?** エウ　ポッソ　フマール　アキ
入ってもいいですか。	**Eu posso entrar?** エウ　ポッソ　エントラール
見てもいいですか。	**Eu posso ver?** エウ　ポッソ　ヴェール
これに触れてみてもいいですか。	**Eu posso tocar nisto?** エウ　ポッソ　トカール　ニスト
試着してもいいですか。	**Eu posso experimentar?** エウ　ポッソ　エスペリメンタール
電話をしてもいいですか。	**Eu posso telefonar?** エウ　ポッソ　テレフォナール
これを使ってもいいですか。	**Eu posso usar isto?** エウ　ポッソ　ウザール　イスト
写真を撮ってもいいですか。	**Eu posso tirar fotos?** エウ　ポッソ　チラール　フォトス

～はどこですか。
Onde é ～ .
オンジ　エ

場所を聞くときの表現です。Onde é のあとに「聞きたい施設や建物、売り場などを表す単語」をつけるだけです。Onde tem ～？（不定冠詞が必要。例えば：Onde tem *uma* entrada?）や Onde está ～？（動く物、または人などに使う）なども使われます。

😃 言ってみましょう

入り口はどこですか。	**Onde é a entrada?** オンジ　エ　ア　エントラーダ

出口はどこですか。　　**Onde é a saída?**
　　　　　　　　　　　オンジ　エ　ア　サイーダ

私の座席はどこですか。　**Onde é o meu assento?**
　　　　　　　　　　　　オンジ　エ　オ　メウ　アセント

エレベーターはどこですか。　**Onde é o elevador?**
　　　　　　　　　　　　　　オンジ　エ　オ　エレヴァドール

レジはどこですか。　　**Onde é o caixa?**
　　　　　　　　　　　オンジ　エ　オ　カイシャ

窓口はどこですか。　　**Onde tem um guichê?**
　　　　　　　　　　　オンジ　テン　ウン　ギシェー

タクシー乗り場はどこですか。　**Onde tem um ponto de táxi?**
　　　　　　　　　　　　　　　オンジ　テン　ウン　ポント　ジ　タクシ

お手洗いはどこですか。　**Onde tem um banheiro?**
　　　　　　　　　　　　オンジ　テン　ウン　バニェイロ

「イパネマの娘」で有名な　**Onde é o famoso restaurante**
レストランはどこですか。　オンジ　エ　オ　ファモーゾ　ヘスタウランチ
　　　　　　　　　　　　　chamado "Garota de Ipanema"?
　　　　　　　　　　　　　シャマード　　ガロッタ　ジ　イパネーマ

基本の10フレーズ

何時に〜ですか。
A que horas 〜 ?
ア　キ　　　オーラス

物事が何時に行われるか、（自分がそれを）何時に行う予定になっているか、尋ねるときに使います。

 言ってみましょう

（店などが）何時に開きますか。	**A que horas vai abrir?** ア　キ　オーラス　ヴァイアブリール
（店などが）何時に閉まりますか。	**A que horas vai fechar?** ア　キ　オーラス　ヴァイフェシャール
何時に待ち合わせですか。	**A que horas vamos nos encontrar?** ア　キ　オーラス　ヴァモス　ノス　エンコントラール
何時に出発ですか。	**A que horas vamos partir?** ア　キ　オーラス　ヴァモス　パルチール
何時に着きますか。	**A que horas vamos chegar?** ア　キ　オーラス　ヴァモス　シェガール
何時にホテルに戻りますか。	**A que horas vamos voltar para o hotel?** ア　キ　オーラス　ヴァモス　ヴォウタール　パラ　オ　オテウ
何時に始まりますか。	**A que horas vai começar?** ア　キ　オーラス　ヴァイ　コメサール
何時に終わりますか。	**A que horas vai acabar?** ア　キ　オーラス　ヴァイ　アカバール

コミュニケーションに役立つ 15の常用フレーズ

基本の10フレーズのほかに覚えておきたい、挨拶や便利な一言です。このまま覚えて実際に使ってみましょう。

言ってみましょう

① こんにちは。　　　　　　　**Bom dia.**（午前中）/ **Boa tarde.**（午後）
　　　　　　　　　　　　　　ボン　ジーア　　　　　　　　ボア　タルジ

② こんばんは。　　　　　　　**Boa noite.**
　　　　　　　　　　　　　　ボア　ノイチ

③ さようなら。　　　　　　　**Até logo. / Tchau.**
　　　　　　　　　　　　　　アテー　ロゴ　　　チャウ

④ ありがとうございます。　　**Obrigado.**（男）/ **Obrigada.**（女）
　　　　　　　　　　　　　　オブリガード　　　　　オブリガーダ

⑤ すみません。　　　　　　　**Desculpe.**
　　　　　　　　　　　　　　デスクウピ

⑥ 何とおっしゃいましたか。　**Perdão?**
　　　　　　　　　　　　　　ペルダウン

⑦ わかりません。　　　　　　**Eu não entendo.**
　　　　　　　　　　　　　　エウ　ナウン　エンテンド

⑧ もう一度言ってもらえますか。**Poderia repetir?**
　　　　　　　　　　　　　　ポデリーア　ヘペチール

⑨ ゆっくり話してもらえますか。**Poderia falar mais devagar?**
　　　　　　　　　　　　　　ポデリーア　ファラール　マイス　デヴァガール

⑩ お願いします。　　　　　　**Por favor.**
　　　　　　　　　　　　　　ポル　ファヴォール

⑪ ちょっと待ってください。　**Poderia esperar um pouco?**
　　　　　　　　　　　　　　ポデリーア　エスペラール　ウン　ポーコ

⑫ いくらですか。　　　　　　**Quanto custa? / Quanto é?**
　　　　　　　　　　　　　　クアント　クスタ　　　クアント　エ

⑬ いくらになりますか。　**Em quanto fica?**
　　　　　　　　　　　　エン　クアント　フィーカ

⑭ 書いてくださいますか。　**Poderia escrever?**
　　　　　　　　　　　　ポデリーア　エスクレヴェール

⑮ ここですか。　**Aqui?**
　　　　　　　アキー

定番応答フレーズ8

返事や応答でよく使うフレーズです。

😊 言ってみましょう

① はい。　**Sim.**
　　　　シン

② いいえ。　**Não**
　　　　　ナウン

③ 大丈夫です。　**Não tem problema.**
　　　　　　　ナウン　テン　プロブレーマ

④ いいですよ。　**Está bem.**
　　　　　　　エスター　ベン

⑤ OKです。　**Tudo bem.**
　　　　　トゥード　ベン

⑥ いいえ、結構です。　**Não, obrigado.**（男）／**Não, obrigada.**（女）
　　　　　　　　　　ナウン　オブリガード　　　　　ナウン　オブリガーダ

⑦ はい、そのとおりです。　**Sim, é isso.**
　　　　　　　　　　　　シン　エ　イッソ

⑧ どういたしまして。　**De nada.**
　　　　　　　　　　ジ　ナーダ

知っておくと便利な表現

① 数字

　数字は、買い物で値段を聞いたり、また、乗り物の時刻を確認したりなど、旅行で出番の多いものです。

0	**zero** ゼロ			
1	**um / uma** ウン　ウーマ	11	**onze** オンジ
2	**dois / duas** ドイス　ドゥアス	12	**doze** ドージ
3	**três** トゥレス	13	**treze** トゥレージ
4	**quatro** クアトロ	14	**quatorze** クアトルジ
5	**cinco** シンコ	15	**quinze** キンジ
6	**seis** セイス	16	**dezesseis** デゼセイス
7	**sete** セッチ	17	**dezessete** デゼセッチ
8	**oito** オイト	18	**dezoito** デゾイト
9	**nove** ノーヴィ	19	**dezenove** デゼノーヴィ
10	**dez** デース	20	**vinte** ヴィンチ

知っておくと便利な表現

21	**vinte e um** ヴィンチ イ ウン		400	**quatrocentos** クアトロセントス
22	**vinte e dois** ヴィンチ イ ドイス		500	**quinhentos** キニェントス
30	**trinta** トゥリンタ		600	**seiscentos** セイスセントス
40	**quarenta** クアレンタ		700	**setecentos** セチセントス
50	**cinquenta** シンクエンタ		800	**oitocentos** オイトセントス
60	**sessenta** セセンタ		900	**novecentos** ノヴィセントス
70	**setenta** セテンタ		1000	**mil** ミウ
80	**oitenta** オイテンタ		2000	**dois mil** ドイス ミウ
90	**noventa** ノヴェンタ		3000	**três mil** トゥレス ミウ
100	**cem** セン		4000	**quatro mil** クアトロ ミウ
102	**cento e dois** セント イ ドイス		5000	**cinco mil** シンコ ミウ
125	**cento e vinte e cinco** セント イ ヴィンチ イ シンコ		10000	**dez mil** デス ミウ
200	**duzentos** ドゥゼントス		100000	**cem mil** セン ミウ
300	**trezentos** トゥレゼントス		1000000	**um milhão** ウン ミリャウン

② 序数詞

建物の階数を言ったり、座席の位置を言ったりするときに「〜番目の」を表わす序数詞を使います。女性名詞のあとでは語尾の -o が、-a になります。

1番目の、最初の	**primeiro** プリメイロ	8番目の	**oitavo** オイターヴォ
2番目の	**segundo** セグンド	9番目の	**nono** ノーノ
3番目の	**terceiro** テルセイロ	10番目の	**décimo** デッシモ
4番目の	**quarto** クアルト	11番目の	**décimo primeiro** デッシモ プリメイロ
5番目の	**quinto** キント	20番目の	**vigésimo** ヴィジェッジモ
6番目の	**sexto** セスト	21番目の	**vigésimo primeiro** ヴィジェッジモ プリメイロ
7番目の	**sétimo** セッチモ		

③ 値段

1レアル	**R$1,00**	**um real** ウン ヘアウ	
1レアル10センターボ	**R$1,10**	**um (real) e dez (centavos)** ウン ヘアウ イ デス センターヴォス	
2レアル	**R$2,00**	**dois reais** ドイス ヘアイス	
30センターボ	**R$0,30**	**trinta centavos** トゥリンタ センターヴォス	

※会話では、real と centavo の通貨が省略されることがあります。

④ 疑問詞

建物の階数を言ったり、座席の位置を言ったりするときに「〜番目の」を表わす序数詞を使います。女性名詞のあとでは語尾の -o が、-a になります。

O que（なに）
オ キ

何を探していますか。 　　　　　O que você está procurando?
　　　　　　　　　　　　　　　　オ　キ　ヴォセ　エスター　プロクランド

Onde（どこ）
オンジ

試着室はどこですか。 　　　　　Onde é o provador?
　　　　　　　　　　　　　　　　オンジ　エ　オ　プロヴァドール

Quem（だれ）
ケン

誰を待っていますか。 　　　　　Você está esperando por quem?
　　　　　　　　　　　　　　　　ヴォセ　エスター　エスペランド　ポル　ケン

Quando（いつ）
クァンド

いつ戻ってきますか。 　　　　　Quando você vai voltar?
　　　　　　　　　　　　　　　　クアンド　ヴォセ　ヴァイ　ヴォウタール

Como（どのように）
コモ

どのように旅行しますか。 　　　Como vai fazer a viagem?
　　　　　　　　　　　　　　　　コモ　ヴァイ　ファゼール　ア　ヴィアージェン

Porque（なぜ）
ポル キ

なぜ店は閉まっているのですか。 Por que a loja está fechada?
　　　　　　　　　　　　　　　　ポル　キ　ア　ロージャ　エスタ　フェシャーダ

Quantos / Quantas（いくつ、どれだけ）
クアントス　　　　クアンタス

いくらですか。 　　　　　　　　Quanto custa?
　　　　　　　　　　　　　　　　クアント　クスタ

リオに何日滞在しますか。 　　　Quantos dias vai ficar no Rio?
　　　　　　　　　　　　　　　　クアントス　ジーアス　ヴァイ　フィカール　ノ　ヒオ

⑤ 時刻

1時10分	uma hora e dez minutos
2時30分	duas horas e trinta minutos
3時45分	três horas e quarenta e cinco minutos
4時50分	quatro horas e cinquenta minutos
今、何時ですか。	Que horas são agora?
9時20分です。	São nove horas e vinte minutos.
午前8時	Oito da manhã.
	※会話ではhora(s)やminuto(s)を省略することが多いです。
午後1時	Uma da tarde.

知っておくと便利な表現

午後8時	**Oito da noite.** オイト ダ ノイチ

※ブラジルでは「am」「pm」は使いません。代わりに da manhã（朝・午前）、da tarde（午後）、da noite（夜）を使います。

12時間制の中で、いくつかよく使う言い方があります。

〜時半	**meia** メイア
〜時・・・分前	**・・・para as 〜** パラ アス
〜時15分前	**quinze para as 〜** キンジ パラ アス
正午	**meio-dia** メイオ ジーア
午前0時	**meia-noite** メイア ノイチ

13時以降では、特別な言い方をしません。分を示す数字をそのまま使います。

13時15分	**Treze horas e quinze minutos.** トゥレジ オーラス イ キンジ ミヌートス
14時40分	**Quatorze horas e quarenta minutos.** クアトルジ オーラス イ クアレンタ ミヌートス
15時45分	**Quinze horas e quarenta e cinco minutos.** キンジ オーラス イ クアレンタ イ シンコ ミヌートス

⑥ 時の流れ

1）朝・昼・夜

朝（午前）	**a manhã** ア マニャン
昼	**a tarde** ア タルジ
午後	**a tarde** ア タルジ
夕方	**a tardinha** ア タルジーニャ
夜	**a noite** ア ノイチ

2）季節

春	**a primavera** ア プリマヴェーラ
夏	**o verão** オ ヴェラウン
秋	**o outono** オ オートーノ
冬	**o inverno** オ インヴェルノ

❊ **ポルトガル語圏の心のキーワード"サウダージ"** ❊

　日本語で「郷愁」と訳されることが多いサウダージ（Saudade）は、何かを失ったときに生じる喪失感や空虚感、過ぎ去った日々を懐かしむ気持ちなどを表します。アントニオ・カルロス・ジョビン作曲による 1958 年のヒット曲「Chega de Saudade（想いあふれて）」は、まさしくサウダージを歌ったものであり、この曲をもってボサノヴァが誕生しました。

⑦ 時間の長さ

1分	**um minuto** ウン　ミヌート
4分の1時間（15分）	**um quarto (quinze minutos)** ウン　クアルト　　キンジ　ミヌートス
半時間（30分）	**meia hora (trinta minutos)** メイア　オーラ　トゥリンタ　ミヌートス
1時間	**uma hora** ウーマ　オーラ
1時間半	**uma hora e meia** ウーマ　オーラ　イ　メイア
1日	**um dia** ウン　ジーア
1週間	**uma semana** ウーマ　セマーナ
1カ月	**um mês** ウン　メース
1年	**um ano** ウン　アーノ
早い	**cedo** セード
遅い	**tarde** タルジ

⑧ 日付

　ポルトガル語で年月日を表す時は「日、月、年」の順になります。日付は1日だけ序数詞を使い、2日以降は数詞を使います。

1月1日	:	**o dia primeiro de janeiro** オ ジーア プリメイロ ジ ジャネイロ
新年	:	**o ano novo** オ アーノ ノーヴォ
1月2日	:	**dois de janeiro** ドイス ジ ジャネイロ

　年号の読み方は数詞の読み方と同じです。

● 「2016年」の読み方

2016	:	**dois mil e dezesseis** ドイス ミウ イ デゼセイス
2016年1月1日	:	**o dia primeiro de janeiro de dois** オ ジーア プリメイロ ジ ジャネイロ ジ ドイス **mil e dezesseis** ミウ イ デゼセイス

知っておくと便利な表現

⑨ 暦の月

1月	**janeiro** ジャネイロ	7月	**julho** ジューリョ
2月	**fevereiro** フェヴェレイロ	8月	**agosto** アゴスト
3月	**março** マルソ	9月	**setembro** セテンブロ
4月	**abril** アブリウ	10月	**outubro** オートゥーブロ
5月	**maio** マイオ	11月	**novembro** ノヴェンブロ
6月	**junho** ジューニョ	12月	**dezembro** デゼンブロ

❉ 一生に一度は見たい「リオのカーニバル」 ❉

　2月から3月の間に行われるリオのカーニバルは毎年数百万人の人出で賑わい、ギネスブックで世界最大の祭りと紹介されています。日本ではよくTVニュースなどで有名なサンバコンテスト（Sambódromo da Marquês de Sapucaí）の模様を伝えますが、サンバのパレードや演奏はそこだけで行われているのではありません。ほかにも街の伝統的な地域を選定して市がサンバ会場を認めています。また、サンパウロ市のサンパウロ会場（Sambódromo Paulistano）でのサンバパレードも有名です。

　振り付け師の指導に合わせて踊るダンサーが着る衣装や飾り、コンセプトに沿って作られた巨大できらびやかな山車など、見どころ満載です。一年がかりで大勢の人が携わり、また観光客も大挙してブラジルを訪れるので、もはや一つの「産業」となっています。毎年およそ130億レアルのお金が動き、30万人の雇用を創出すると言われています。

⑩ 曜日

月曜日	**a segunda-feira**
	ア　セグンダ　フェイラ
火曜日	**a terça-feira**
	ア　テルサ　フェイラ
水曜日	**a quarta-feira**
	ア　クアルタ　フェイラ
木曜日	**a quinta-feira**
	ア　キンタ　フェイラ
金曜日	**a sexta-feira**
	ア　セスタ　フェイラ
土曜日	**o sábado**
	オ　サバド
日曜日	**o domingo**
	オ　ドミンゴ

❋ 日々の生活の中で楽しむ「パゴージ」 ❋

19世紀以来、パゴージ（Pagode）という言葉はブラジル音楽に存在してきました。奴隷小屋（senzalas）にまつわるお祭りの楽しみとされていましたが、後にサンバの影響もあって、一般的なお祝いや酒宴、歌会などの場で用いられるようになりました。そこから独自に発展し、サンバのダンスなくしても少人数で公園や路上、店先でも楽しめる陽気な音楽としての地位を確立しました。

⑪ 時期

今	**agora** アゴーラ
今日	**hoje** オージ
昨日	**ontem** オンテン
明日	**amanhã** アマニャン
今週	**esta semana** エスタ セマーナ
先週	**a semana passada** ア セマーナ パッサーダ
来週	**a semana que vem** ア セマーナ キ ヴェン
今月	**este mês** エスチ メース
今年	**este ano** エスチ アーノ
去年	**o ano passado** オ アーノ パッサード
来年	**o ano que vem** オ アーノ キ ヴェン
〜前、1年前	**há 〜／〜 atrás** ア アトライス / **há um ano** ア ウン アーノ
〜後、1年後	**daqui 〜／〜 depois** ダキー デポイズ / **daqui a um ano** ダキー ア ウン アーノ

⑫ 位置

前	**frente** フレンチ		下	**baixo** バイショ
後ろ	**atrás** アトラス		内	**dentro** デントロ
右	**direita** ジレイタ		外	**fora** フォーラ
左	**esquerda** エスケルダ		真ん中	**meio** メイオ
上	**cima** シーマ		中心	**centro** セントロ

⑬ 人

父	**o pai** オ パイ		彼の息子	**o filho dele** オ フィーリョ デーリ
母	**a mãe** ア マンイ		彼女の娘	**a filha dela** ア フィーリャ デーラ
兄	**o irmão mais velho** オ イルマウン マイス ヴェーリョ		家族	**a família** ア ファミーリア
姉	**a irmã mais velha** ア イルマウン マイス ヴェーリャ		友達	**o amigo / a amiga** オ アミーゴ ア アミーガ
私の弟	**o meu irmão mais novo** オ メウ イルマウン マイス ノーヴォ		男性	**o homem** オ オーメン
あなたの妹	**a sua irmã mais nova** ア スア イルマウン マイス ノーヴァ		女性	**a mulher** ア ムリェール

機内・空港編

　ブラジルの旅の始まりは機内でのコミュニケーションから。飲み物の注文などをポルトガル語でしてみましょう。心は早くもブラジルの地に飛んで行きますね。

機内で

場所を聞く

1 （搭乗券を見せながら）この席はどこですか。

Onde é este assento?
オンジ　エー　エスチ　アセント

言い換え

お手洗い	o banheiro オ　バニェイロ
非常口	a saída de emergência ア　サイーダ　ジ　エメルジェンシア

乗務員に用事を頼む

2 毛布をいただけますか。

Eu queria um cobertor, por favor.
エウ　ケリーア　ウン　コベルトール　ポル　ファヴォール

言い換え

日本の雑誌	uma revista japonesa ウーマ　ヘヴィスタ　ジャポネーザ
枕	um travesseiro ウン　トゥラヴェッセイロ
イヤホン	um fone ウン　フォーニ
入国カード	um cartão de desembarque ウン　カルタウン　ジ　デゼンバルキ
税関申告書	uma declaração alfandegária ウーマ　デクララサウン　アウファンデガリア

機内で

機内食を頼む

3 魚料理をお願いします。

Eu queria um prato de peixe, por favor.
エウ　ケリーア　ウン　プラート　ジ　ペイシ　　ポル　ファヴォール

言い換え

牛肉	uma carne bovina ウーマ　カルニ　ボヴィーナ
鶏肉	uma carne de frango ウーマ　カルニ　ジ　フランゴ
豚肉	uma carne de porco ウーマ　カルニ　ジ　ポルコ
和食	uma comida japonesa ウーマ　コミーダ　ジャポネーザ
パスタ	uma massa ウーマ　マッサ
パン	um pão ウン　パウン
特別食	uma comida especial ウーマ　コミーダ　エスペシアウ
子ども向け機内食	uma comida para crianças ウーマ　コミーダ　パラ　クリアンサス
ベジタリアン食	uma comida vegetariana ウーマ　コミーダ　ヴェジタリアーナ

[飲み物を頼む]

4. 赤ワインをください。

Um vinho tinto, por favor.
ウン　ヴィーニョ　チント　ポル　ファヴォール

言い換え

白ワイン	um vinho branco
	ウン　ヴィーニョ　ブランコ

ビール　　　　　　　**uma cerveja**
　　　　　　　　　　ウーマ　セルヴェージャ

シャンパン　　　　　**um champanhe**
　　　　　　　　　　ウン　　シャンパーイン

オレンジジュース　　**um suco de laranja**
　　　　　　　　　　ウン　スーコ　ジ　ラランジャ

コーヒー　　　　　　**um café**
　　　　　　　　　　ウン　カフェー

紅茶　　　　　　　　**um chá preto**
　　　　　　　　　　ウン　シャー　プレート

緑茶　　　　　　　　**um chá verde**
　　　　　　　　　　ウン　シャー　ヴェルジ

コーラ（コカ・コーラ）**uma coca-cola**
　　　　　　　　　　ウーマ　コカ　コーラ

ミネラルウォーター　**uma água mineral**
　　　　　　　　　　ウーマ　アグア　ミネラウ

トマトジュース　　　**um suco de tomate**
　　　　　　　　　　ウン　スーコ　ジ　トマーチ

もう一杯　　　　　　**mais um / outro**
　　　　　　　　　　マイズ　ウン　　オートロ

機内で

機内で使う定番フレーズ

Track 27 CD-1

席を替えることはできますか。	Eu posso trocar de assento? エウ ポッソ トロカール ジ アセント
荷物入れにもう場所がありません。	Não tem lugar para a bagagem. ナウン テン ルガール パラ ア バガージェン
寒いです。	Eu estou com frio. エウ エストー コン フリーオ
毛布をもう一枚ください。	Eu queria mais um cobertor. エウ ケリーア マイズ ウン コベルトール
枕をもう一つください。	Eu queria mais um travesseiro. エウ ケリーア マイズ ウン トラヴェセイロ
気分がよくないのですが。	Eu me sinto mal. エウ ミ シント マウ
頭が痛いです。	Eu estou com dor de cabeça. エウ エストー コン ドール ジ カベッサ
画面の調子が悪いです。	A imagem da tela não está boa. ア イマージェン ダ テーラ ナウン エスタ ボア
ヘッドホンの調子が悪いです。	O fone não está funcionando bem. オ フォーニ ナウン エスター フンシオナンド ベン
読書灯の調子が悪いです。	A luz não está funcionando bem. ア ルス ナウン エスター フンシオナンド ベン
リモコンの調子が悪いです。	O controle remoto não está funcionando bem. オ コントローリ ヘモト ナウン エスタ フンシオナンド ベン
ワインをこぼしてしまいました。	O vinho caiu. オ ヴィーニョ カイウ
どうしてもお手洗いに行きたいのですが。	Eu tenho que ir ao banheiro já. エウ テーニョ キ イール アオ バニェイロ ジャ
座席を倒してもいいですか。	Eu posso inclinar o assento? エウ ポッソ インクリナール オ アセント
すみません（通していただけますか）。	Me deixe passar, por favor. ミ デイシ パッサール ポル ファヴォール

機内の単語

Track 28 / CD-1

- 荷物棚 **o armário** オ アルマリオ
- 読書灯 **a lâmpada / a luz** ア ランパダ　ア ルス
- 窓側の座席 **o assento na janela** オ アセント ナ ジャネーラ
- ブラインド **a persiana** ア ペルシアーナ
- 背もたれ **o encosto** オ エンコスト
- 救命胴衣 **o salva-vidas** オ サウバ ヴィーダス
- テーブル **a mesa** ア メーザ
- シートベルト **o cinto de segurança** オ シント ジ セグランサ
- 通路側の座席 **o assento no corredor** オ アセント ノ コヘドール
- フットレスト **o descanso dos pés** オ デスカンソ ドス ペス

到着空港で

[入国審査]

1. 観光のためです。（入国目的を問われたときの答え）
É para turismo.
エ　パラ　ツリズモ

言い換え

仕事の	trabalho トラバーリョ
留学の	estudos エストゥードス
友人に会う	encontrar com os amigos エンコントラール　コン　オズ　アミーゴス

2. 1週間です。（滞在期間を問われたときの答え）
Uma semana.
ウーマ　セマーナ

言い換え

3日間	três dias トゥレース ジーアス
10日間	dez dias デス ジーアス
2週間	duas semanas ドゥアス　セマーナス
ひと月	um mês ウン メース
ふた月	dois meses ドイス　メーゼス

機内・空港編 / 宿泊編 / 飲食編 / 買い物編 / 観光編 / トラブル編 / 旅単語集

3. ソフィテルホテルです。（滞在先を問われたときの答え）

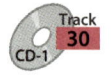

O Hotel Sofitel.
オ　オテウ　ソフィテウ

言い換え

グロリアホテル	o Hotel Glória オ　オテウ　グロリア
友人の家	a casa do amigo ア　カーザ　ド　アミーゴ
親戚の家	a casa do parente ア　カーザ　ド　パレンチ
大学の寮	o dormitório universitário オ　ドルミトリオ　ウニヴェルシタリオ

4. 私は学生です。（職業を問われたときの答え）

Eu sou estudante.
エウ　ソー　エストゥダンチ

言い換え

公務員	funcionário público（男） フンシオナリオ　ププリコ / funcionária pública（女） フンシオナリア　ププリカ
会社員	empregado da companhia（男） エンプレガード　ダ　コンパニーア / empregada da companhia（女） エンプレガーダ　ダ　コンパニーア
システムエンジニア	engenheiro de informática（男） エンジェネイロ　ジ　インフォルマチカ / engenheira de informática（女） エンジェネイラ　ジ　インフォルマチカ
医者	médico（男）/ médica（女） メジコ　　　　メジカ
教師	professor（男）/ professora（女） プロフェソール　　プロフェソーラ
専業主婦	dona de casa ドナ　ジ　カーザ
定年退職者	aposentado（男）/ aposentada（女） アポゼンタード　　　アポゼンターダ
自営業	autônomo（男）/ autônoma（女） アウトノモ　　　　アウトノマ

> 到着空港で

[荷物の受け取り]

5 荷物受取所はどこですか。

Onde é o serviço de bagagens?
オンジ　エ　オ　セルヴィッソ　ジ　バガージェンス

言い換え

Emirates235便のターンテーブル	a esteira rolante do voo 2 3 5 da Emirates ア エステイラ ホランチ ド ヴォー ドイストレスシンコ ダ エミレーツ
Emirates265便	o voo 2 6 5 da Emirates オ ヴォー ドイスメイアシンコ ダ エミレーツ

※ブラジルでは、「265便」のように「6」が間に入る場合、聞き間違いを避けるため、半ダース（meia dúzia）の meia を使って「6」を表すのが一般的です。

紛失手荷物の窓口	o guichê de achados e perdidos オ ギシェー ジ アシャードス イ ペルジードス
カート	o carrinho de bagagens オ カヒーニョ ジ バガージェンス

❖手荷物が見つからなかったら❖

預けた手荷物がターンテーブルに出てこなかった場合には、自分が利用した航空会社のカウンターで手続きをします。手荷物紛失記録RIB (Registro de Irregularidade de Bagagem)用紙に記入して、チェックイン時に渡された預かり証とともに提出します。国内線は30日以内、国際線は21日以内に引き渡しがされなければ、航空会社が賠償することになります。着替えや日常の必需品は、機内持ち込みの荷物に入れておくと安心です。

[紛失手荷物の窓口で]

6 黒いスーツケースです。
É uma mala preta.
エー　ウーマ　マーラ　プレータ

言い換え

青色の	azul アズウ
シルバーの	metálico / metálica メタリコ　　メタリカ
赤い	vermelho / vermelha ヴェルメーリョ　ヴェルメーリャ
大きい	grande グランジ
中くらいの大きさの	médio / média メジオ　メジア
小さい	pequeno / pequena ペケーノ　　ペケーナ
革製の	de couro ジ　コーロ
布製の	de pano ジ　パーノ
ビニール製の	de plástico ジ　プラスチコ
金属製の	de metal ジ　メタウ

到着空港で

【税関検査】

7 ウイスキーを1本持っています。(申告についての問いに対する答え)

Eu tenho uma garrafa de uísque.
エウ　テーニョ　ウーマ　ガハッファ　ジ　ウイスキー

言い換え

タバコ1カートン	**um pacote de cigarros** ウン　パコッチ　ジ　シガーホス
ワイン2本	**duas garrafas de vinho** ドゥアス　ガハッファ　ジ　ヴィーニョ
日本酒1本	**uma garrafa de "sake"** ウーマ　ガハッファ　ジ　サケ
50万円	**quinhentos mil ienes** キニェントス　ミウ　イエニス

8 身の回りのものです。(持ち物についての問いに対する答え)

São minhas coisas pessoais.
サウン　ミーニャス　コイザス　ペッソアイス

言い換え

友達へのお土産	**lembranças para os amigos** レンブランサス　パラ　オズ　アミーゴス
日本のお菓子	**doces japoneses** ドッシス　ジャポネーゼス
常備薬	**medicamentos diários** メジカメントス　ジアリオス
化粧品	**cosméticos** コスメチコス
着替え	**roupas para mudar** ホーパス　パラ　ムダール

通貨を両替する

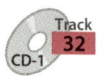

9 両替所はどこですか。

Onde é a casa de câmbio?
オンジ　エ　ア　カーザ　ジ　カンビオ

言い換え
- 銀行 : **o banco** オ　バンコ

10 レアルに換えてください。

Você poderia trocar para real?
ヴォセ　ポデリーア　トロカール　パラ　ヘアウ

言い換え
- 日本円 : **iene japonês** イエニ　ジャポネース
- アメリカドル : **dólar americano** ドラール　アメリカーノ
- 現金 : **dinheiro** ジニェイロ

11 両替計算書をください。

Eu queria um recibo, por favor.
エウ　ケリーア　ウン　ヘシーボ　ポル　ファヴォール

言い換え
- 小銭 : **em trocados** エン　トロカードス
- 10レアル札 : **em nota de dez reais** エン　ノータ　ジ　デス　ヘアイス
- 明細書 : **uma fatura discriminada** ウーマ　ファトゥーラ　ジスクリミナーダ

到着空港で

空港の単語

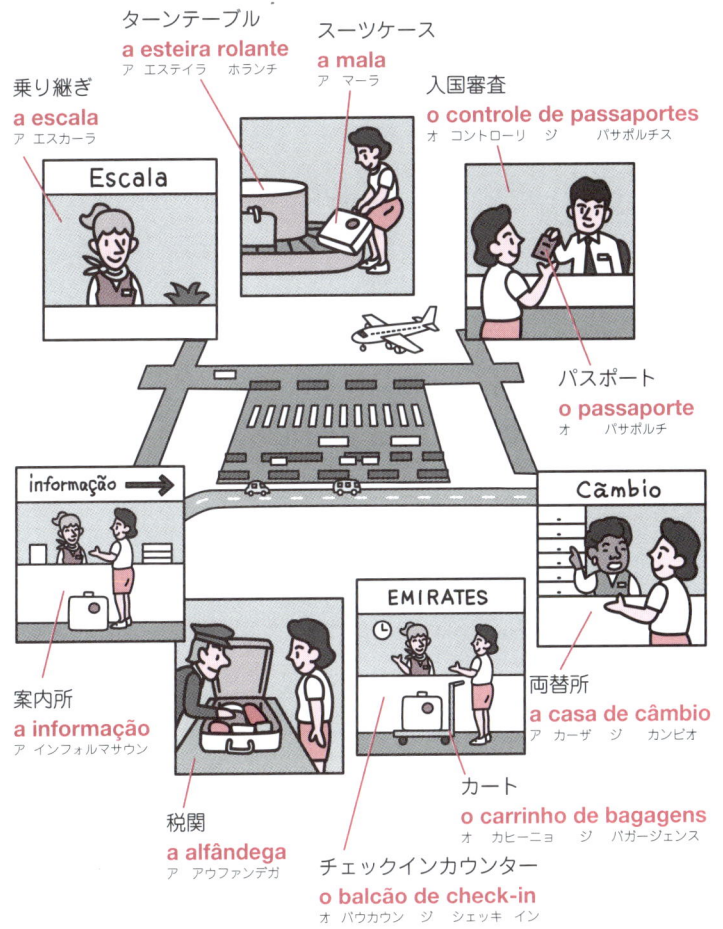

乗り継ぎ
a escala
ア エスカーラ

ターンテーブル
a esteira rolante
ア エステイラ ホランチ

スーツケース
a mala
ア マーラ

入国審査
o controle de passaportes
オ コントローリ ジ パサポルチス

パスポート
o passaporte
オ パサポルチ

案内所
a informação
ア インフォルマサウン

税関
a alfândega
ア アウファンデガ

チェックインカウンター
o balcão de check-in
オ バウカウン ジ シェッキ イン

カート
o carrinho de bagagens
オ カヒーニョ ジ バガージェンス

両替所
a casa de câmbio
ア カーザ ジ カンビオ

空港から市内へ

交通機関の場所を聞く

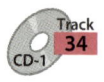

1. タクシー乗り場はどこですか。

Onde é o ponto de táxi?
オンジ エ オ ポント ジ タクシ

言い換え

バス乗り場	o ponto de ônibus オ ポント ジ オニブス
シャトルバス乗り場	o ponto de ônibus circular オ ポント ジ オニブス シルクラール

2. セントロ行きのバスはありますか。

Tem um ônibus para o Centro?
テン ウン オニブス パラ オ セントロ

言い換え

サントス・ドゥモン空港	o aeroporto Santos Dumont オ アエロポルト サントス ドゥモン
コパカバーナ	Copacabana コパカバーナ
イパネマ	Ipanema イパネーマ
コルコバードの丘	o Morro do Corcovado オ モーホ ド コルコヴァード

空港から市内へ

タクシーの運転手に頼む

3 トランクを開けてください。

Você poderia abrir o porta-malas, por favor.
ヴォセ　ポデリーア　アブリール　オ　ポルタマーラス　ポル　ファヴォール

言い換え

少し急いで	se apressar mais um pouco
	シ　アプレッサール　マイス　ウン　ポーコ
これを入れて	colocar isto
	コロカール　イスト
ここに行って	ir até aqui
	イール　アテー　アキー
ここで停めて	parar aqui
	パラール　アキー
領収書を切って	me dar um recibo
	ミ　ダール　ウン　ヘシーボ

4 マリオットホテルまでお願いします。

Até o Hotel Marriott, por favor.
アテー　オ　オテウ　マヒオット　ポル　ファヴォール

言い換え

ガレオン国際空港	o aeroporto internacional do Galeão
	オ　アエロポルト　インテルナシオナウ　ド　ガレアウン
マラカナンスタジアム	o estádio do Maracanã
	オ　エスタジオ　ド　マラカナン

タクシーに乗るときの定番フレーズ

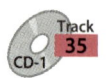

いくらになりますか。	**Em quanto fica?** エン クアント フィーカ
4人乗れますか。	**Dá para quatro pessoas?** ダー パラ クアトロ ペッソアス
この住所に行ってください。	**Para este endereço, por favor.** パラ エスチ エンデレッソ ポル ファヴォール
渋滞ですか。	**Está congestionado?** エスタ コンジェスチオナード **/ Está engarrafado?** エスタ エンガハファード
いくらですか。	**Quanto é? / Quanto custa?** クアント エ クアント クスタ
ありがとう。おつりはとっておいてください。	**Obrigado. Fique com o troco.**（男） オブリガード フィキ コン オ トロコ **/ Obrigada. Fique com o troco.**（女） オブリガーダ フィキ コン オ トロコ

❋ リオデジャネイロのタクシー ❋

　リオデジャネイロ国際空港には2つのタイプのタクシーがあります。料金が高く設定してあるデラックス型と、市内を回る黄色い通常型です。いずれも、空港の到着エリアに窓口があり、行き先までの料金が表示されています。空港では、行き先までの固定料金表示制度に登録しているタクシー以外は利用しないことをお勧めします。また、街中では、フロントガラスにタクシードライバー許可証を掲示してあるタクシーに乗りましょう。

宿泊編

　ブラジルでは、大きなホテルやフロントなどでは英語が通じることが多いですが、日本語ができるスタッフがいるホテルはほとんどありません。地方では、英語が通じないことがよくあります。不自由な思いをしなくてもいいように、簡単な用件を伝えられるようにしましょう。

問い合わせ

客室のタイプ

Track 36 / CD-1

1 ツインルームをお願いします。

Eu queria um quarto com duas camas.
エウ　ケリーア　ウン　クアルト　コン　ドゥアス　カーマス

言い換え

シングルルーム	de solteiro ／ com uma cama ジ ソウテイロ　コン ウーマ カーマ
ダブルルーム	duplo ドゥプロ
トリプルルーム	triplo トゥリプロ
禁煙ルーム	para não fumantes パラ ナウン フマンチス
喫煙ルーム	para fumantes パラ フマンチス
街が見える部屋	com vista para a cidade コン ヴィスタ パラ ア シダージ
海が見える部屋	com vista para o mar コン ヴィスタ パラ オ マール
庭が見える部屋	com vista para o jardim コン ヴィスタ パラ オ ジャルジン
バスタブ付きの部屋	com banheira コン バニェイラ
シャワー付きの部屋	com chuveiro コン シュヴェイロ
できるだけ安い部屋	mais barato possível マイス バラート ポシーヴェウ

問い合わせ

料金を聞く

2 1泊いくらですか。

Quanto custa a diária?
クアント　クスタ　ア　ジアーリア

言い換え

1部屋	**um quarto** ウン　クアルト
1人あたり	**para uma pessoa** パラ　ウーマ　ペッソア
一晩につき	**por uma noite** ポル　ウーマ　ノイチ

3 税込みですか。

A taxa está incluída?
ア　ターシャ　エスター　インクルイーダ

言い換え

サービス料	**a taxa de serviço** ア　ターシャ　ジ　セルヴィッソ
朝食（代）	**o café da manhã（está incluído*）** オ　カフェー　ダ　マニャン　エスター　インクルイード

＊男性名詞なので、語尾がoに変わります。

施設の有無を聞く

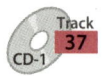

4 プールはありますか。

Tem piscina?
テン　ピシーナ

言い換え	レストラン	**restaurante** ヘスタウランチ
	コーヒーラウンジ	**cafeteria** カフェテリーア
	バー	**bar** バール
	会議室	**sala de conferência** サーラ ジ コンフェレンシア

❈ ブラジルで人気の音楽 "アシェ" ❈

　アフリカとラテンの要素が融合したアシェ・ミュージックは、1980年代にバイーア（ブラジル北東部の州。州都はサルヴァドール）で生まれました。バイーアの民間信仰であるカンドンブレにおける挨拶が「アシェ（Axé）」です。情熱的な愛を語る歌詞と、激しいリズムに合わせた官能的ともいえるダンスが特徴です。

問い合わせ

ホテルのロビーの単語

Track 38 CD-1

ドアマン
o porteiro
オ ポフテイロ

スタッフ（従業員全般）
o funcionário（男性）
オ フンシオナリオ
a funcionária（女性）
ア フンシオナリア

フロント
a recepção
ア ヘセピサウン

コンセルジュ
o porteiro
オ ポフテイロ

ベルボーイ
o mensageiro
オ メンサジェイロ

客室係
o balconista
オ バウコニスタ

ロビー
a entrada
ア エントラーダ

機内・空港編 / 宿泊編 / 飲食編 / 買い物編 / 観光編 / トラブル編 / 旅単語集

53

フロントで

[希望を伝える]

1 チェックインをしたいのですが。

Eu queria fazer o check-in.
エウ　ケリーア　ファゼール　オ　シェッキン

言い換え

チェックアウトをする	fazer o check-out ファゼール オ シェッキアウト
予約をする	fazer uma reserva ファゼール ウーマ ヘゼルヴァ
インターネットを使う	usar a internete ウザール ア インテルネッチ
ファックスを送る	enviar um fax エンヴィアール ウン ファックス
部屋を替える	trocar de quarto トロカール ジ クアルト
日本に電話をする	telefonar para o Japão テレフォナール パラ オ ジャパウン
現金で支払う	pagar em dinheiro パガール エン ジニェイロ
クレジットカードで支払う	pagar com cartão de crédito パガール コン カルタウン ジ クレジト
もう1泊する	ficar mais um dia フィカール マイス ウン ジーア
予定より（1日）早く発つ	partir (um dia) mais cedo do que o previsto パルチール ウン ジーア マイス セード ド キ オ プレヴィスト
荷物を預ける	pedir para guardar as bagagens ペジール パラ グアルダール アス バガージェンス
先ほどの係の人と話す	falar com a pessoa com quem acabei de falar ファラール コン ア ペッソア コン ケン アカベイ ジ ファラール

フロントで

2 鍵をください。

Eu queria a chave.
エウ　ケリーア　ア　シャーヴィ

言い換え	地図	**o mapa** オ　マーパ
	領収書	**o recibo** オ　ヘシーボ
	名刺	**o cartão de visita** オ　カルタウン　ジ　ヴィジータ

3 部屋に付けてもらえますか。（ホテルでの食事の支払いなど）

Você poderia incluir na conta?
ヴォセ　　ポデリーア　　インクルイール　ナ　　コンタ

言い換え	荷物を預かって	**guardar as bagagens** グアルダール　アス　バガージェンス
	これを部屋まで運んで	**levar isto para o quarto** レヴァール イスト　パラ　オ　クアルト
	タクシーを呼んで	**chamar um táxi** シャマール　ウン　タクシ

館内設備の場所を聞く

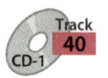

5 レストランはどこですか。
Onde é o restaurante?
オンジ　エ　オ　ヘスタウランチ

言い換え

エレベーター	o elevador	オ　エレヴァドール
バー	o bar	オ　バール
プール	a piscina	ア　ピシーナ
ジム	a sala de ginástica	ア　サーラ　ジ　ジナースチカ
美容室	o salão de beleza	オ　サラウン　ジ　ベレーザ
会議室	a sala de conferência	ア　サーラ　ジ　コンフェレンシア
宴会場	o salão de banquetes	オ　サラウン　ジ　バンケッチス
お手洗い	o banheiro	オ　バニェイロ

部屋で

使いたいと伝える

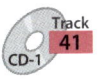

1. アイロンを使いたいのですが。

Eu queria usar o ferro de passar.
エウ　ケリーア　ウザール　オ　フェホ　ジ　パッサール

言い換え

ドライヤー	o secador de cabelo オ　セカドール　ジ　カベーロ
体温計	o termômetro オ　テルモーメトロ
プラグの変換アダプター	o transformador de voltagem オ　トランスフォルマドール　ジ　ヴォウタージェン
湯沸かしポット	o aquecedor de água オ　アケセドール　ジ　アグア
インターネット	a internet ア　イネルネッチ
無線LAN / WiFi	a internet sem fio ア　インテルネッチ　セン　フィオ

※朝寝坊したいときは※

朝、ゆっくり寝て過ごしたい時は、部屋の中にあるNÃO PERTURBEと書かれたカードをドアノブにかけておきましょう。さらに、フロントにも電話などの呼び出しをしないように伝えておくのもいいでしょう。

欲しいと伝える

6 もう1枚タオルをください。

Eu queria mais uma toalha.
エウ　ケリーア　マイズ　ウーマ　トアーリャ

言い換え

もう1枚毛布	**mais um coberto** マイズ　ウン　コベルト
もう1枚シーツ	**mais um lençol** マイズ　ウン　レンソウ
シャンプー	**um xampu** ウン　シャンプ
リンス	**um condicionador** ウン　コンジシオナドール
石けん	**um sabonete** ウン　サボネッチ
トイレットペーパー	**um papel higiênico** ウン　パペウ　イジエーニコ
便箋	**um papel para escrever cartas** ウン　パペウ　パラ　エスクレヴェール　カルタス
封筒	**um envelope** ウン　エンヴィロービ

部屋で

朝食を注文する

7 コーヒーをひとつください。

Eu queria um café.
エウ　ケリーア　ウン　カフェー

言い換え

パン	um pão	ウン パウン
紅茶	um chá preto	ウン シャー プレート
ミルク	um leite	ウン レイチ
オレンジジュース	um suco de laranja	ウン スーコ ジ ラランジャ
ヨーグルト	um iogurte	ウン イオグルチ
オムレツ	uma omelete	ウーマ オミレッチ
目玉焼き	um ovo frito	ウン オーヴォ フリート
ゆで卵	um ovo cozido	ウン オーヴォ コジード

ホテルの部屋の単語

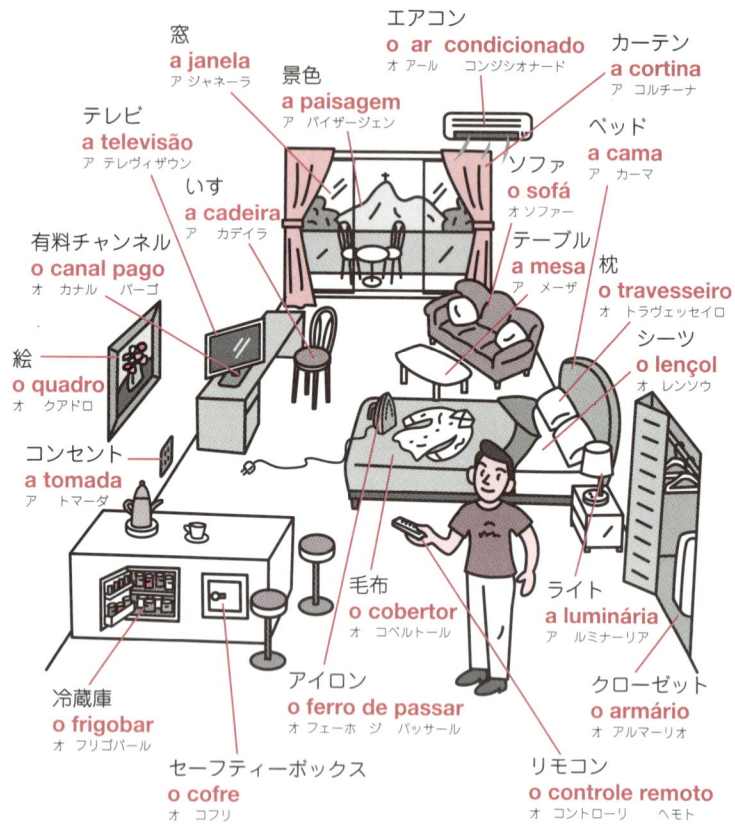

- 窓 **a janela** ア ジャネーラ
- 景色 **a paisagem** ア パイザージェン
- エアコン **o ar condicionado** オ アール コンジシオナード
- カーテン **a cortina** ア コルチーナ
- テレビ **a televisão** ア テレヴィザウン
- いす **a cadeira** ア カデイラ
- ソファ **o sofá** オ ソファー
- ベッド **a cama** ア カーマ
- 有料チャンネル **o canal pago** オ カナル パーゴ
- テーブル **a mesa** ア メーザ
- 枕 **o travesseiro** オ トラヴェッセイロ
- 絵 **o quadro** オ クアドロ
- シーツ **o lençol** オ レンソウ
- コンセント **a tomada** ア トマーダ
- 毛布 **o cobertor** オ コベルトール
- ライト **a luminária** ア ルミナーリア
- 冷蔵庫 **o frigobar** オ フリゴバール
- アイロン **o ferro de passar** オ フェーホ ジ パッサール
- クローゼット **o armário** オ アルマーリオ
- セーフティーボックス **o cofre** オ コフリ
- リモコン **o controle remoto** オ コントローリ ヘモト

バスルームの単語

部屋で

シャンプー
o xampu
オ シャンプ

リンス
o condicionador
オ コンジシオナドール

ボディーソープ
o sabonete
オ サボネッチ

石けん
o sabonete
オ サボネッチ

浴室
o banheiro
オ バニェイロ

バスタブ
a banheira
ア バニェイラ

シャワー
o chuveiro
オ シュヴェイロ

鏡
o espelho
オ エスペーリョ

タオル
a toalha
ア トアーリャ

ヘアドライヤー
o secador de cabelo
オ セカドール ジ カベーロ

くし
o pente
オ ペンチ

床
o chão
オ シャウン

洗面台
a pia
ア ピア

カミソリ
o barbeador
オ バルベアドール

歯ブラシ
a escova de dentes
ア エスコーヴァ ジ デンチス

フロントで使うフレーズ

Track CD-1 46

予約しておいた田中です。	**Eu sou Tanaka. Já fiz uma reserva.** エウ ソー タナカ ジャ フィス ウーマ ヘゼルヴァ
空いている部屋はありますか。	**Você tem algum quarto livre?** ヴォセ テン アウグン クアルト リヴリ
2泊したいです。	**Eu queria ficar duas noites.** エウ ケリーア フィカール ドゥアス ノイチス
すぐに部屋に入れますか。	**Eu já posso entrar no quarto agora?** エウ ジャ ポッソ エントラール ノ クアルト アゴーラ
何時から部屋に入れますか。	**A que horas eu posso entrar no quarto?** ア キ オーラス エウ ポッソ エントラール ノ クアルト
何時に部屋を出なければなりませんか。	**A que horas eu tenho que sair do quarto?** ア キ オーラス エウ テーニョ キ サイール ド クアルト
近くにスーパーマーケットはありますか。	**Tem algum supermercado perto daqui?** テン アウグン スペルメルカード ペルト ダキー
荷物を預けてもいいですか。	**Eu posso pedir para guardar as bagagens?** エウ ポッソ ペジール パラ グアルダール アズ バガージェンス
預けていた荷物を受け取りたいです。	**Eu queria pegar as bagagens guardadas.** エウ ケリーア ペガール アズ バガージェンス グアルダーダス
日本語を話せる人はいますか。	**Tem alguém que fala japonês?** テン アウゲン キ ファーラ ジャポネース

トラブル

故障している

1. 電話が壊れています。

O telefone não funciona.
オ テレフォーニ ナウン フンシオナ

言い換え

テレビ	a televisão ア テレヴィザウン
エアコン	o ar condicionado オ アール コンジシオナード
セーフティーボックス	o cofre オ コフリ
冷蔵庫	o frigobar オ フリゴバール
目覚まし時計	o despertador オ デスペルタドール

困ったときの定番フレーズ

お湯が出ません。	**A água quente não sai.** ア アグア ケンチ ナウン サイ
トイレの水が流れません。	**O vaso sanitário está entupido.** オ ヴァソ サニタリオ エスタ エントゥピード
電球が切れています。	**A lâmpada está quebrada.** ア ランパダ エスタ ケブラーダ
部屋がタバコ臭いです。	**O quarto está cheirando a cigarro.** オ クアルト エスタ シェイランド ア シガーホ
インターネットがつながりません。	**A internet não funciona.** ア インテルネッチ ナウン フンシオナ
鍵を部屋の中に置いてきてしまいました。	**Eu deixei a chave no quarto.** エウ デイシェイ ア シャーヴィ ノ クアルト
部屋の鍵をなくしてしまいました。	**Eu perdi a chave do quarto.** エウ ペルジ ア シャーヴィ ド クアルト
ドアが開きません。	**A porta não abre.** ア ポルタ ナウン アブリ
隣の部屋がうるさいです。	**O quarto vizinho está fazendo barulho.** オ クアルト ヴィジーニョ エスタ ファゼンド バルーリョ
部屋が汚れています。	**O quarto está sujo.** オ クアルト エスタ スージョ
暑すぎます。	**Está quente demais.** エスター ケンチ ジマイス
寒すぎます。	**Está frio demais.** エスタ フリーオ ジマイス

飲食編

　ブラジル料理といえば、シュラスコやフェイジョアーダが有名ですが、ほかにもたくさんの郷土料理があります。現地で親しまれているちょっと珍しい食べ物や飲み物があります。店や広場、ビーチなど、場所の雰囲気も味わいながら、トライしてみましょう。

店を探す

店を探す

1 ブラジル料理のレストランはありますか。

Tem um restaurante brasileiro?
テン　ウン　　ヘスタウランチ　　　　ブラジレイロ

言い換え

フランス料理	**francês** フランセース
イタリア料理	**italiano** イタリアーノ
中華料理	**chinês** シネース
ポルトガル料理	**português** ポルトゲース
日本料理	**japonês** ジャポネース
ムケッカ（モケッカ）* *魚介や野菜を煮たブラジルの伝統的な鍋料理。	**de moqueca** ジ　モケッカ
シーフード料理	**de frutos do mar** ジ　フルトス　ド　マール
お薦めの	**que me recomende** キ　ミ　ヘコメンジ
ベジタリアン（料理）	**vegetariano** ヴェジタリアーノ
郷土料理	**de comida regional** ジ　コミーダ　ヘジオナウ
シュラスコ* *主に牛肉など肉を串焼きにしたブラジルの代表的な料理の一つ。	**de churrasco** ジ　シュハスコ

シュラスコレストランは単にchurrascaria［シュハスカリーア］と言いますので、Tem uma churrascaria?［テン ウーマ シュハスカリーア］と言うことも多いです。

店を探す

2. おいしいレストランを探しています。

Eu estou procurando um bom restaurante.
エウ エストー プロクランド ウン ボン ヘスタウランチ

言い換え

あまり高くないレストラン	um restaurante não muito caro ウン ヘスタウランチ ナウン ムイント カーロ
おしゃれなレストラン	um restaurante elegante ウン ヘスタウランチ エレガンチ
おしゃれなカフェ	uma cafeteria elegante ウーマ カフェテリーア エレガンチ
ファーストフード店	um restaurante de refeição rápida ウン ヘスタウランチ ジ ヘフェイサウン ハピダ
バール	um bar ウン バール
サンドイッチ屋	uma loja de sanduíches ウーマ ロージャ ジ サンドゥイーシス
アイスクリーム屋	uma sorveteria ウーマ ソルヴェテリーア
ココナツジュースが飲める店	um lugar onde se beba água de coco ウン ルガール オンジ シ ベーパ アグア ジ コーコ

カフェで

飲み物を注文する

1. コーヒーをお願いします。

Um café, por favor.
ウン　カフェー　ポル　ファヴォール

言い換え

生ビール	um chope ウン　ショッピ
レモネード	uma limonada ウーマ　リモナーダ
ココア	um chocolate ウン　ショコラッチ
アサイジュース	um suco de açaí / um açaí ウン　スーコ　ジ　アサイ　ウン　アサイ
バナナジュース	uma vitamina de banana ウーマ　ヴィタミナ　ジ　バナーナ
ココナツジュース	uma água de coco ウーマ　アグア　ジ　ココ
スイカジュース	um suco de melancia ウン　スーコ　ジ　メランシア
コーラ	uma coca-cola ウーマ　コカ　コーラ
フレッシュオレンジジュース	um suco de laranja natural ウン　スーコ　ジ　ラランジャ　ナトゥラウ
紅茶	um chá preto ウン　シャー　プレート
カフェオレ	um café com leite ウン　カフェー　コン　レイチ

カフェで

[食べ物を注文する]

2 サラダをお願いします。

Uma salada, por favor.
ウーマ　サラーダ　　ポル　ファヴォール

言い換え

オムレツ	uma omelete ウーマ　オミレッチ
バタートースト	uma torrada com manteiga ウーマ　トハーダ　コン　マンテイガ
ピザ	uma pizza ウーマ　ピッツァ
モルタデーラサンドイッチ* *イタリア移民が持ち込んだモルタデーラソーセージをはさんだもの。	um sanduíche de mortadela ウン　サンドゥイーシ　ジ　モルタデーラ
ハムとチーズのサンドイッチ	um misto quente ウン　ミスト　ケンチ
アイスクリーム	um sorvete ウン　ソルヴェッチ
スナック（ツマミ、ナッツ類）	um salgado ウン　サウガード
ピザ一切れ	um pedaço de pizza ウン　ペダッソ　ジ　ピッツァ
チョコレートケーキ一切れ	uma fatia de bolo de chocolate ウーマ　ファチア　ジ　ボーロ　ジ　ショコラッチ
アサイ（果肉をボウルに盛ったもの）	uma tigela de açaí ウーマ　チジェーラ　ジ　アサイ

機内・空港編／宿泊編／飲食編／買い物編／観光編／トラブル編／旅単語集

レストランで

[席のリクエストをする]

1. 窓に近い席をお願いします。

Eu queria uma mesa perto da janela.
エウ ケリーア ウーマ メーザ ペルト ダ ジャネーラ

言い換え

テラス席	uma mesa no terraço ウーマ メーザ ノ テハッソ
静かな席	uma mesa tranquila ウーマ メーザ トランクイーラ
奥の席	uma mesa ao fundo ウーマ メーザ アオ フンド
禁煙席	uma mesa para não fumante ウーマ メーザ パラ ナウン フマンチ
喫煙席	uma mesa para fumante ウーマ メーザ パラ フマンチ
海が見える席	uma mesa com vista para o mar ウーマ メーザ コン ヴィスタ パラ オ マール

レストランで

メニューを頼む

2 メニューをください。

Eu queria um cardápio, por favor.
エウ　ケリーア　ウン　カルダピオ　ポル　ファヴォール

言い換え

日本語のメニュー	**um cardápio em japonês** ウン　カルダピオ　エン　ジャポネース
英語のメニュー	**um cardápio em inglês** ウン　カルダピオ　エン　イングレース
ドリンクメニュー	**uma carta de bebidas** ウーマ　カルタ　ジ　ベビーダス
ワインメニュー	**uma carta de vinhos** ウーマ　カルタ　ジ　ヴィーニョス
デザートメニュー	**um cardápio de sobremesas** ウン　カルダピオ　ジ　ソブレメーザス

❋ 精算とチップ ❋

　バールやレストランなどでは、10パーセントのサービス料（taxa de serviço）が料金に上乗せされています。これはいわゆる「公式な」チップです。10パーセントのサービス料が上乗せされていなければ、客の判断で、同等の額を支払うかどうか決めることになります。多くのホテルでは、サービス料10パーセントのほかにサービス税（ISS：Imposto Sobre Serviço）として5パーセントが加算されます。

メニューに書いてある単語

コース料理	**uma refeição completa** ウーマ ヘフェイサウン コンプレータ
オードブル	**um antepasto** ウン アンチパスト
前菜	**a entrada** ア エントラーダ
メインディッシュ	**o prato principal** オ プラート プリンシパウ
本日の料理	**o prato do dia** オ プラート ド ジーア
魚料理	**o prato de peixe** オ プラート ジ ペイシ
肉料理	**o prato de carne** オ プラート ジ カルニ
野菜	**os legumes / as verduras** オス レグーミス アス ヴェルドゥーラス
サラダ	**a salada** ア サラーダ
チーズ	**o queijo** オ ケイジョ
デザート	**a sobremesa** ア ソブレメーザ
飲み物	**a bebida** ア ベビーダ

レストランで

レストランを予約するとき・レストランに入るときの定番フレーズ

予約したいのですが。	Eu queria fazer uma reserva. エウ ケリーア ファゼール ウーマ ヘゼルヴァ
今晩です。	Esta noite. エスタ ノイチ
予約しています。	Eu já fiz uma reserva. エウ ジャ フィス ウーマ ヘゼルヴァ
予約していませんが、大丈夫ですか。	Eu não fiz nenhuma reserva. Tem algum problema? エウ ナウン フィス ネニュマ ヘゼルヴァ テン アウグン プロブレーマ
2名です。	Duas pessoas. ドゥアス ペッソアス
食事はできますか。	Eu posso fazer as refeições? エウ ポッソ ファゼール アス ヘフェイソンイス
飲み物だけでも大丈夫ですか。	Eu posso apenas beber? エウ ポッソ アペーナス ベベール
どのくらい待ちますか。	Quanto tempo eu tenho que esperar? クアント テンポ エウ テーニョ キ エスペラール
急いで食べたいのですが、大丈夫ですか。	Eu queria uma refeição rápida. Tudo bem? エウ ケリーア ウーマ ヘフェイサウン ハピダ トゥード ベン

[飲み物を飲む]

3. 生ビールをください。

Eu queria um chope.
エウ ケリーア ウン ショッピ

言い換え

赤ワインのハーフボトル	uma meia garrafa de vinho tinto ウーマ メイア ガハッファ ジ ヴィーニョ チント
白ワインのグラス	uma taça de vinho branco ウーマ タッサ ジ ヴィーニョ ブランコ
スパークリングワインのボトル	uma garrafa de vinho espumante ウーマ ガハッファ ジ ヴィーニョ エスプマンチ
カイピリーニャ * ※ブラジル伝統のカクテル	uma caipirinha ウーマ カイピリーニャ
ミネラルウォーター	uma água mineral ウーマ アグア ミネラウ
炭酸入りのミネラルウォーター	uma água mineral com gás ウーマ アグア ミネラウ コン ガス
オレンジジュース	um suco de laranja ウン スーコ ジ ララランジャ
ガラナ * *ガラナの実を使ったブラジルを代表する炭酸飲料	um guaraná ウン ガラナー
コーラ（コカ・コーラ）	uma coca-cola ウーマ コカ コーラ
パッションフルーツジュース	um suco de maracujá ウン スーコ ジ マラクジャー

レストランで

ワインについて

4 ブラジルワインをお願いします。

Um vinho brasileiro, por favor.
ウン　ヴィーニョ　ブラジレイロ　　ポル　ファヴォール

言い換え

スパークリングワイン	**um vinho espumante** ウン　ヴィーニョ　エスプマンチ	
辛口のワイン	**um vinho seco** ウン　ヴィーニョ　セッコ	
甘口のワイン	**um vinho suave** ウン　ヴィーニョ　スアーヴェ	
お薦めのワイン	**um vinho recomendável** ウン　ヴィーニョ　ヘコメンダーヴェウ	
この料理に合うワイン	**um vinho que acompanhe o prato** ウン　ヴィーニョ　キ　アコンパーニェ　オ　ブラート	

前菜を注文する

5 エビのカクテルをお願いします。

Um coquetel de camarão, por favor.
ウン　コキテウ　ジ　カマラウン　　ポル　ファヴォール

言い換え

パンのバスケット	**uma cesta de pães** ウーマ　セスタ　ジ　パンイス	
オリーブの実	**umas azeitonas** ウーマス　アゼイトーナス	
チーズ	**uma porção de queijos** ウーマ　ポルサウン　ジ　ケイジョス	
鶏の唐揚げ	**um frango à passarinha** ウン　フランゴ　ア　パサリーニャ	
エビフライ	**um camarão frito** ウン　カマラウン　フリート	

メインディッシュを注文する

6 ローストチキンをお願いします。

Um galeto*, por favor.
ウン　　　ガレット　　　　ポル　ファヴォール

*骨付きの鶏肉をグリルで焼いたもの。

言い換え

フェイジョアーダ *豆と肉を煮込んだブラジルの代表的な料理の一つ。	uma feijoada ウーマ フェイジョアーダ
野菜の煮込み	um cozido ウン コジード
魚の煮付け	uma peixada ウーマ ペイシャーダ
魚介の煮込み	uma moqueca ウーマ モケッカ
モッツァレッラ添え鶏肉	um frango à parmegiana ウン フランゴ ア パルメジアナ
ミックスシュラスコ （牛肉、ソーセージ、鶏肉、豚肉）	um churrasco misto ウン シュハスコ ミスト
ミナス風黒豆* *ミナス・ジェライス州の伝統料理。	um tutu à mineira ウン トゥトゥア ミネイラ
ミックスサラダ	uma salada mista ウーマ サラダ ミスタ
鶏むね肉グリルと野菜	um peito de frango com legumes ウン ペイト ジ フランゴ コン レグーメス

レストランで

デザートを注文する

7 パパイヤクリームカシス添えをお願いします。

Um creme de papaia com cassis, por favor.
ウン　クレーミ　ジ　パパイア　コン　カシス　ポル　ファヴォール

言い換え

プリン一切れ	uma fatia de pudim
	ウーマ　ファチア　ジ　プジン
ミックスフルーツ	uma salada de frutas
	ウーマ　サラーダ　ジ　フルータス
チョコレートケーキ	um bolo de chocolate
	ウン　ボーロ　ジ　ショコラッチ
パフェ	um pavê
	ウン　パヴェー

アイスクリームを注文する

8 マンゴーアイスクリームをお願いします。

Um sorvete de manga, por favor.
ウン　ソルヴェッチ　ジ　マンガ　ポル　ファヴォール

言い換え

イチゴアイスクリーム	um sorvete de morango
	ウン　ソルヴェッチ　ジ　モランゴ
バニラアイスクリーム	um sorvete de creme
	ウン　ソルヴェッチ　ジ　クレーミ
チョコレートアイスクリーム	um sorvete de chocolate
	ウン　ソルヴェッチ　ジ　ショコラッチ
ココナッツアイスクリーム	um sorvete de coco
	ウン　ソルヴェッチ　ジ　ココ
バニラチョコアイスクリーム	um sorvete de flocos
	ウン　ソルヴェッチ　ジ　フロコス

料理の感想を言う

9 おいしいです。

A comida está gostosa.
ア　コミーダ　エスター　ゴストーザ

言い換え

すごくおいしい	muito gostosa ムイント　ゴストーザ
スパイシー	picante ピカンチ
塩からい	salgada サウガーダ
甘い	doce ドッシ
味が濃い	muito temperada ムイント　テンペラーダ
(肉などが) 硬い	dura ドゥーラ
熱い	quente ケンチ
冷めている	fria フリーア
脂っこい	gordurosa ゴルドゥローザ
柔らかい	macia マシーア

レストランで

レストランの店内の単語

Track CD-1 57

- ウェイトレス **a garçonete** ア ガルソネッチ
- ウエイター **o garçom** オ ガルソン
- 料理人 **o cozinheiro** オ コジニェイロ
- メニュー **o cardápio / o menu** オ カルダピオ / オ メヌー
- グラス **a taça** ア タッサ
- スプーン **a colher** ア コリェール
- ナイフ **a faca** ア ファーカ
- カップ **a xícara** ア シカラ
- 皿 **o prato** オ プラート
- フォーク **o garfo** オ ガルフォ
- ナプキン **o guardanapo** オ グアルダナーポ
- 紙ナプキン **o guardanapo de papel** オ グアルダナポ ジ パペウ

機内・空港編 / 宿泊編 / 飲食編 / 買い物編 / 観光編 / トラブル編 / 旅単語集

食事中・食後の定番フレーズ

これは何ですか。	**O que é isto?** オ キ エ イスト
これは量がありますか。	**Vem em quantidade?** ヴェン エン クアンチダージ
これは味が濃いですか。	**É muito temperada?** エ ムイント テンペラーダ
注文したものが来ていません。	**O meu pedido ainda não veio.** オ メウ ペジード アインダ ナウン ヴェイオ
これは注文していません。	**Eu não pedi isto.** エウ ナウン ペジ イスト
パンをお願いします。	**Um pão, por favor.** ウン パウン ポル ファヴォール
とてもおいしかったです。	**Estava muito gostosa.** エスターヴァ ムイント ゴストーザ
お勘定をお願いします。	**A conta, por favor.** ア コンタ ポル ファヴォール
別々にお願いします。	**Em conta separada, por favor.** エン コンタ セパラーダ ポル ファヴォール
計算ミスだと思います。	**Eu acho que a conta está errada.** エウ アショ キ ア コンタ エスタ エハーダ

買い物編

　ブラジルも、急速な経済発展とともに大都市を中心に物価が高くなっています。世界屈指の観光都市・リオデジャネイロは、パリやニューヨークなどと変わりありません。とはいっても、現地の人々が普段利用する店なら気軽に買い物ができます。市場やフェアに寄ったり、スーパーマーケットに入ったりして、ポルトガル語を使って買い物をしてみてはいかがでしょう。

店を探す

店を探す

1. 宝石店はどこですか。

Onde tem uma joalheria?
オンジ　テン　ウーマ　ジョアリェリーア

言い換え		
	スーパーマーケット	um supermercado ウン　スーペルメルカード
	ショッピングセンター	um shopping center ウン　ショッピング　センテール
	パン屋	uma padaria ウーマ　パダリーア
	薬局	uma farmácia ウーマ　ファリマシア / uma drogaria ウーマ　ドロガリア
	免税店	um free shop ウン　フリー　ショッピ
	ブランド店	uma loja de marcas ウーマ　ロージャ　ジ　マルカス
	市場	uma feira ウーマ　フェイラ
	八百屋	uma quitanda ウーマ　キタンダ
	本屋	uma livraria ウーマ　リヴラリーア

店を探す

売り場を探す

2 婦人服売り場はどこですか。

Onde é a seção de roupas femininas?
オンジ　エ　ア　セサウン　ジ　ホーパス　フェミニーナス

言い換え

紳士服	**roupas masculinas** ホーパス　マスクリーナス	
子供服	**roupas infantis** ホーパス　インファンチス	
スポーツウェア	**roupas esportivas** ホーパス　エスポルチーヴァス	
婦人靴	**sapatos femininos** サパートス　フェミニーノス	
紳士靴	**sapatos masculinos** サパートス　マスクリーノス	
バッグ	**malas** マーラス	
アクセサリー	**acessórios** アセソリオス	
化粧品	**cosméticos** コスメチコス	
食器	**louças** ローサス	
水着	**biquinis / roupas de praia** ビキーニス　ホーパス　ジ　プライア	
服飾雑貨	**acessórios de moda** アセソリオス　ジ　モーダ	

洋服・雑貨などの専門店で

服を買う

1. Tシャツはありますか。

Você tem uma camiseta?
ヴォセ　テン　ウーマ　カミゼータ

言い換え

ジャケット	**uma jaqueta** ウーマ　ジャケッタ
スーツ	**um terno** ウン　テフノ
ワイシャツ	**uma camisa social** ウーマ　カミーザ　ソシアウ
ブラウス	**uma blusa** ウーマ　ブルーザ
ワンピース	**um vestido** ウン　ヴェスチード
パンツ	**umas calças sociais** ウーマス　カウサス　ソシアイス
ジーンズ	**uma calça jeans** ウーマ　カウサ　ジーンズ
スカート	**uma saia** ウーマ　サイア
セーター	**um suéter** ウン　スエーテル
コート	**um casaco** ウン　カザッコ

洋服・雑貨などの専門店で

服飾店の単語

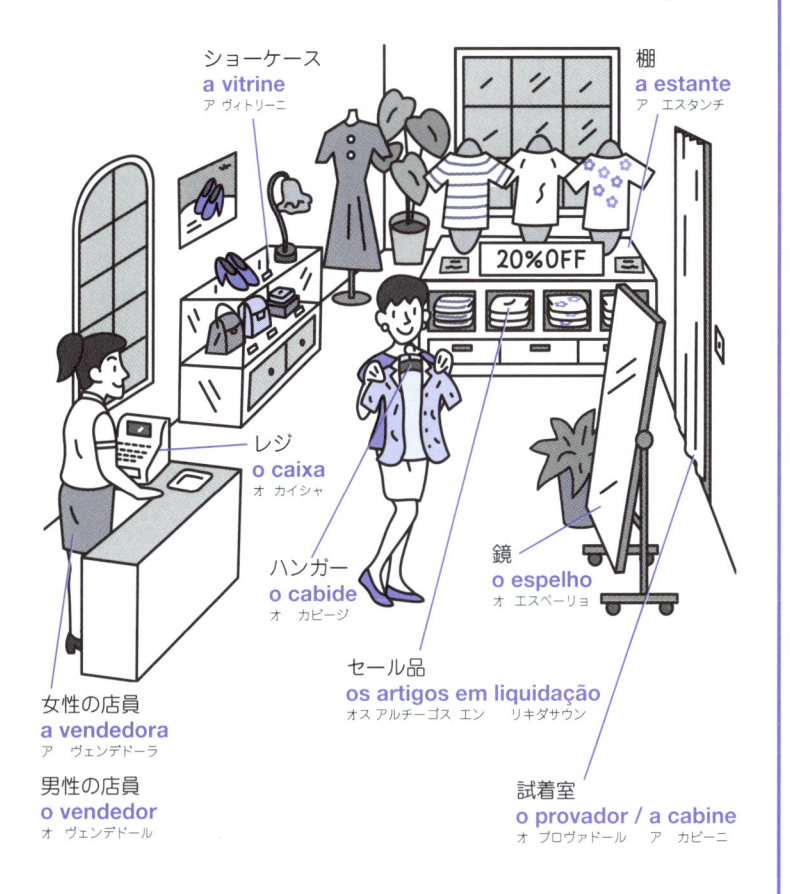

ショーケース
a vitrine
ア ヴィトリーニ

棚
a estante
ア エスタンチ

レジ
o caixa
オ カイシャ

ハンガー
o cabide
オ カビージ

鏡
o espelho
オ エスペーリョ

女性の店員
a vendedora
ア ヴェンデドーラ

男性の店員
o vendedor
オ ヴェンデドール

セール品
os artigos em liquidação
オス アルチーゴス エン リキダサウン

試着室
o provador / a cabine
オ プロヴァドール ア カビーニ

デザインについて尋ねる

2 Vネックの服はありますか。

Você tem umas roupas em decote V?
ヴォセ　テン　ウーマス　ホーパス　エン　デコッチ　ヴェー

言い換え

タートルネック	**umas blusas com gola rolê** ウーマス　ブルーザス　コン　ゴーラ　ホレー
ハイネック	**umas blusas com gola alta** ウーマス　ブルーザス　コン　ゴーラ　アウタ
半袖	**umas roupas com manga curta** ウーマス　ホーパス　コン　マンガ　クルタ
長袖	**umas roupas com manga longa** ウーマス　ホーパス　コン　マンガ　ロンガ
七部袖	**umas roupas com manga sete oitavos** ウーマス　ホーパス　コン　マンガ　セーチ オイターヴォス
ノースリーブ	**umas roupas sem mangas** ウーマス　ホーパス　セン　マンガス

洋服・雑貨などの専門店で

生地について尋ねる

3 これはシルクですか。

Isto é de seda?
イスト エ ジ セーダ

言い換え

綿	algodão アウゴダウン
麻	linho リーニョ
ウール	lã ラウン
革	couro コーロ
合成繊維	fibra sintética フィブラ シンテチカ

❄街中の表示❄

　リオデジャネイロ市は、街中の表示について改革を行い、ポルトガル語のほかに英語を併記した500の看板や案内地図を作成しました。また、どの国の人も理解できるよう、レストランはナイフとフォーク、空港は飛行機のアイコンで表すようになりました。自然公園や文化的記念碑、博物館、図書館、教会、ショッピングセンター、また、コロンボ喫茶店（Confeitaria Colombo）やマラカナンスタジアムのようなリオデジャネイロを代表する施設にも固有のデザインが施されました。

[色について尋ねる]

4 これで赤はありますか。

Você tem o mesmo em vermelho?
ヴォセ　テン　オ　メズモ　エン　ヴェルメーリョ

言い換え

黄色	**amarelo** アマレーロ
緑	**verde** ヴェルジ
青	**azul** アズゥ
ピンク	**rosa** ホーザ
オレンジ	**laranja** ラランジャ
黒	**preto** プレート
白	**branco** ブランコ
紫	**roxo** ホッショ
グレイ	**cinza** シンザ
茶	**marrom** マホン
ベージュ	**bege** ベージ

洋服・雑貨などの専門店で

サイズについて尋ねる

5 これのSサイズはありますか。

Você tem o mesmo em P?
ヴォセ　テン　オ　メズモ　エン　ペー

言い換え

Mサイズ	**M (médio)** エミ　メジオ
Lサイズ	**G (grande)** ジェー　グランジ
これよりも小さいもの	tamanho menor タマーニョ　メノール
これよりも大きいもの	tamanho maior タマーニョ　マイオール
これよりも長いもの	tamanho mais comprido タマーニョ　マイス　コンプリード
これよりも短いもの	tamanho mais curto タマーニョ　マイス　クルト

※服などのサイズ※

　日本のS、M、Lは、それぞれP (pequeno)、M (médio)、G (grande) が相当します。また、Sよりさらに小さいXSはPP (extra pequeno)、Lよりさらに大きいXL (またはLL) はGG (extra grande) になります。

[かばん・靴を買う]

6 ハンドバッグはありますか。

Você tem umas malas de mão?
ヴォセ テン ウーマス マーラス ジ マウン

言い換え

ショルダーバッグ	umas bolsas tiracolo ウーマス ボウサス チラコーロ
スーツケース	umas pastas ウーマス パスタス
リュック	umas mochilas ウーマス モシーラス
スニーカー	uns tênis ウンズ テニス
サンダル	umas sandálias ウーマス サンダーリアス
ハイヒール	uns sapatos de salto alto ウンズ サパートス ジ サウト アウト
ローヒール	uns sapatos rasteiros ウンズ サパートス ハステイロス
ミュール	uns sapatos de salto baixo ウンズ サパートス ジ サウト バイショ
ビーチサンダル	uns chinelos ウンズ シネーロス

洋服・雑貨などの専門店で

雑貨を買う

7 財布はありますか。

Você tem uma carteira?
ヴォセ　テン　ウーマ　カルテイラ

言い換え

ハンカチ	um lenço ウン　レンソ
スカーフ	um lenço para o pescoço ウン　レンソ　パラ　オ　ペスコーソ
マフラー	um cachecol ウン　カシェコウ
ネクタイ	uma gravata ウーマ　グラヴァータ
手袋	uma luva ウーマ　ルーヴァ
傘	um guarda-chuva ウン　グアルダ　シューヴァ
折りたたみ傘	um guarda-chuva dobrável ウン　グアルダ　シューヴァ　ドブラーヴェウ （リオでは um chapéu［ウン シャペウ］とも言います）
帽子	um chapéu ウン　シャペウ
サングラス	uns óculos de sol / uns óculos escuros ウンズ　オクロス　ジ　ソウ　ウンズ　オクロス　エスクーロス
ベルト	um cinto ウン　シント

[ギフト雑貨を買う]

8. キーホルダーはありますか。

Você tem um porta-chaves?
ヴォセ テン ウン ポルタシャーヴェス

言い換え

マグカップ	uma caneca ウーマ カネッカ
トートバッグ	uma sacola ウーマ サコーラ
テーブルクロス	uma toalha de mesa ウーマ トアーリャ ジ メーザ
エプロン	um avental ウン アヴェンタウ
しおり	um marcador de páginas ウン マルカドール ジ パジナス
マウスパッド	um mouse pad ウン マウス パッジ
手帳	um diário ウン ジアリオ
携帯電話用のアクセサリー	um acessório para celular ウン アセソリオ パラ セルラー

洋服・雑貨などの専門店で

アクセサリーを買う

9 ネックレスはありますか。

Você tem um colar ?
ヴォセ　テン　ウン　コラール

言い換え

イヤリング	**uns brincos** ウンズ　ブリンコス
ペンダント	**um pingente** ウン　ピンジェンチ
ブレスレット	**um bracelete** ウン　ブラセレッチ
指輪	**um anel** ウン　アネウ
ブローチ	**um broche** ウン　ブローシ
ピアス	**uns brincos** ウンズ　ブリンコス
ヘアバンド	**uma faixa para os cabelos** ウーマ　ファイシャ　パラ　オス　カベーロス
ミサンガ*	**umas fitas do Bonfim** ウーマス　フィータス　ド　ボンフィン

*組みひも状のアクセサリーで、擦り切れるまで着けていると願いがかなうとされています。

化粧品を買う

10 香水はありますか。
Você tem um perfume?

乳液	uma loção facial
ファンデーション	uma base
口紅	um batom
マニキュア	um esmalte
日焼け止めクリーム	um protetor solar
ハンドクリーム	um creme para as mãos
ボディローション	um creme para o corpo
メイク落とし	um removedor de maquiagem
マスカラ	um rímel
ピンセット	uma pinça

洋服・雑貨などの専門店で

文具を買う

11 ボールペンはありますか。

Você tem canetas?
ヴォセ　テン　カネータス

言い換え

サインペン	caneta permanente カネータ　ペルマネンチ
鉛筆	lápis ラピス
万年筆	caneta tinteiro カネータ　チンテイロ
便箋	papel de carta パペウ　ジ　カルタ
封筒	envelope エンヴィロービ
ノート	caderno カデルノ
消しゴム	borracha ボハーシャ
メモ帳	bloco de notas ブローコ　ジ　ノータス
ポストカード	cartão postal カルタウン　ポスタウ
はさみ	tesoura テゾーラ
セロテープ	fita durex フィータ　ドゥレックス

日用品を買う

12 歯ブラシはありますか。

Você tem escova de dentes?
ヴォセ テン エスコーヴァ ジ デンチス

言い換え

歯磨き粉	**pasta de dentes** パスタ ジ デンチス
歯ブラシ	**escova de dentes** エスコーヴァ ジ デンチス
シャンプー	**xampu** シャンプ
リンス	**condicionador** コンジシオナドール
タオル	**toalha de banho** トアーリャ ジ バーニョ
電池	**pilha** ピーリャ
ティッシュ	**lenço de papel** レンソ ジ パペウ

洋服・雑貨などの専門店で

ラッピングを頼む

13 別々に包んでください。
Você poderia embrulhar todos separadamente, por favor.
ヴォセ　ポデリーア　エンブルリャール　トードス　セパラダメンチ　ポル　ファヴォール

言い換え

一緒に包んで	embrulhar todos juntos エンブルリャール　トードス　ジュントス
ギフト用に包んで	embrulhar para presente エンブルリャール　パラ　プレゼンチ
箱に入れて	colocar na caixa コロカール　ナ　カイシャ
紙袋に入れて	colocar no saco de papel コロカール　ノ　サッコ　ジ　パペウ
リボンをかけて	colocar fitas コロカール　フィータス
値札をとって	tirar a etiqueta de preço チラール　ア　エチケッタ　ジ　プレッソ
もう一つ袋を	me dar mais um saco ミ　ダール　マイズ　ウン　サッコ

商品を見る・選ぶときの定番フレーズ

迷っています。
Eu estou indecisa.
エウ エストー インデシーザ

またにします。
Eu vou comprar outro dia.
エウ ヴォー コンプラール オートロ ジーア

あれを見せてもらえますか。
Você poderia me mostrar aquilo?
ヴォセ ポデリア ミ モストラール アキーロ

ショーウィンドウのものを見せてもらえますか。
Você poderia me mostrar o produto da vitrine.
ヴォセ ポデリア ミ モストラール オ プロドゥート ダ ヴィトリーニ

これを試着できますか。
Eu posso experimentar isto?
エウ ポッソ エスペリメンタール イスト

もっと安いのはありませんか。
Você tem outro mais barato?
ヴォセ テン オートロ マイズ バラート

これをください。
Eu fico com este.
エウ フィコ コン エスチ

触ってもいいですか。
Eu posso tocar?
エウ ポッソ トカール

これはもっとありますか。
Você tem mais deste?
ヴォセ テン マイズ デスチ

洋服・雑貨などの専門店で

支払いのときの定番フレーズ

いくらですか。
Quanto é? / Quanto custa?
クアント エ　　クアント クスタ

全部でいくらになりますか。
Em quanto fica tudo?
エン　クアント　フィカ トゥード

クレジットカードで払えますか。
Aceita cartão de crédito?
アセイタ　カルタウン　ジ　クレジト

VISAカードで払えますか。
Aceita Visa?
アセイタ　ヴィザ

小銭がありません、ごめんなさい。
Desculpe, eu não tenho trocado.
デスクウピ　エウ ナウン テーニョ　トロカード

おつりが足りないのですが。
O troco está errado.
オ トローコ エスタ エハード

値引きがあったのですが。
Não tinha desconto?
ナウン チーニャ　デスコント

領収書をお願いします。
Eu queria um recibo.
エウ ケリーア ウン ヘシーボ

❖ブラジルから絵はがきを送ろう❖

　リオデジャネイロの観光地の絵はがきの中でも、パン・デ・アスーカル（特徴のある丸い山）やコルコヴァードの丘のキリスト像のほかに、サッカー、サンバ、海岸の風景など、感動するものがたくさんあります。リオデジャネイロの景観は世界遺産にも登録されたほどで、素晴らしいお土産になるでしょう。宛先の住所の最後に Japão または英語で Japan、下の方に Correio Aéreo または英語で Air Mail と添えて、ホテルのフロントか郵便局（平日の夕方まで）に持っていきましょう。

市場の定番フレーズ

1個いくらですか。	**Quanto custa um?** クアント クスタ ウン
これは何ですか。	**O que é isto?** オ キ エ イスト
味見してもいいですか。	**Posso provar?** ポッソ プロヴァール
これはいつまで食べられますか。	**Até quando posso comer?** アテー クアンド ポッソ コメール
もう少し多めにお願いします。	**Um pouco mais, por favor?** ウン ポーコ マイス ポル ファヴォール
もう少し少なめにお願いします。	**Um pouco menos, por favor?** ウン ポーコ メーノス ポル ファヴォール
これは食べ物ですか。	**Isso é uma comida?** イッソ エ ウーマ コミーダ
これはお菓子ですか。	**Isso é um doce?** イッソ エ ウン ドッシ
1個でもいいですか。	**Pode ser só um?** ポジ セール ソー ウン
もう少し安くしてください。	**Um pouco mais barato, por favor!** ウン ポーコ マイス バラート ポル ファヴォール
これはブラジル産ですか。	**Este produto é brasileiro?** エスチ プロドゥート エ ブラジレイロ

観光編

「イパネマの娘」や「コパカバーナ」などのヒット曲で知られる美しいビーチ、たくさんの稀少動植物を育むアマゾンの自然、人々を熱狂の渦に巻き込むカーニバル、サッカー……。そのどれもが世界最高・世界最大級といえます。定番フレーズを駆使しながら、ブラジルならではの魅力に存分に触れてみましょう。

観光案内所で

観光名所への行き方を尋ねる

1. マラカナン・スタジアムへはどうやって行ったらいいですか。

Como eu posso ir até o estádio do Maracanã?
コモ エウ ポッソ イール アテー オ エスタージオ ド マラカナン

言い換え

パン・デ・アスーカル（砂糖パンの山）	o Pão de Açúcar （オ パウン ジ アスーカル）
コルコバードの丘	o Morro do Corcovado （オ モーホ ド コルコヴァード）
サンバパレード会場	o Sambódromo （オ サンボードロモ）
コパカバーナ海岸	a praia de Copacabana （ア プライア ジ コパカバーナ）
イパネマ海岸	a praia de Ipanema （ア プライア ジ イパネーマ）
ボタフォーゴ海岸	a praia de Botafogo （ア プライア ジ ボタフォーゴ）
フラメンゴ海岸	a praia do Flamengo （ア プライア ド フラメーンゴ）
グアナバラ湾	a Baía de Guanabara （ア バイーア ジ グアンナバーラ）
ロドリゴ・デ・フレイタス湖	a Lagoa Rodrigo de Freitas （ア ラゴーア ホドリゴ ジ フレイタス）
バーラ・ダ・チジュカ	a Barra da Tijuca （ア バーハ ダ チジュカ）

観光案内所で

都市への行き方を尋ねる

2. ベロオリゾンテへはどう行ったらいいですか。

Como eu posso ir até Belo Horizonte?
コモ　エウ　ポッソ　イール　アテー　ベロ　　オリゾンチ

言い換え

ブラジリア	Brasília ブラジーリア
サンパウロ	São Paulo サウン パウロ
クリチーバ	Curitiba クリチーバ
サルヴァドール	Salvador サウヴァドール
ナタル	Natal ナターウ
レシフェ	Recife ヘシーフィ
マナウス	Manaus マナウス
イグアス	Iguaçu イグアス
ベレン	Belém ベレーン
ポルトアレグレ	Porto Alegre ポルト アレーグレ
クイアバ	Cuiabá クイアバー

3. この辺りに美術館はありますか。

Tem um museu por aqui?
テン ウン ムゼウ ポル アキー

タクシー乗り場	um ponto de táxi ウン ポント ジ タクシ
観光案内所	um centro de informações turísticas ウン セントロ ジ インフォルマサウンイス トゥリスチカス
市場	um mercado ウン メルカード
お土産屋	uma loja de souvenir ウーマ ロージャ ジ スーヴェニール
歴史的建造物	um monumento histórico ウン モヌメント イストーリコ
映画館	um cinema ウン シネーマ
劇場	um teatro ウン チアトロ
公園	um parque ウン パルキ
ボサノヴァが聴ける店	algum bar onde possa ouvir Bossa Nova アウグン バール オンジ ポッサ オーヴィール ボッサ ノーヴァ

観光案内所で

希望を伝える

4 サッカーの試合を見に行きたいのですが。

Eu queria assistir à partida de futebol.
エウ　ケリーア　アシスチール　ア　パルチーダ　ジ　フッチボウ

言い換え

映画を見に行きたい	ir ao cinema イール アオ シネーマ
コンサートに行きたい	ir ao concerto イール アオ コンセルト
ミュージカルに行きたい	ir ao musical イール アオ ムジカウ
市内観光バスツアーに行きたい	pegar o ônibus turístico da cidade ペガール オ オニブス ツリスチコ ダ シダージ
サンバショーに行きたい	ir ao show de samba イール アオ ショー ジ サンバ
ケーブルカーに乗りたい	pegar o bondinho ペガール オ ボンジーニョ
ボサノヴァの演奏を聴きたい	ouvir uma apresentação de Bossa Nova オーヴィール ウーマ アプレゼンタサウン ジ ボッサ ノーヴァ
サンバの練習を見たい	ver o ensaio de samba ヴェール オ エンサイオ ジ サンバ
一緒にサンバをしたい	dançar samba junto com todos ダンサール サンバ ジュント コン トードス
サンバショーが見たい	assistir ao show de Samba アシスチール アオ ショー ジ サンバ

105

言い換え

パン・デ・アスーカルに登りたい	**subir ao Pão de Açúcar** スビール アオ パウン ジ アスーカル
キリスト像（の丘）に登りたい	**subir ao Cristo Redentor** スビール アオ クリスト ヘデントール
ガイド付きツアーに参加したい	**fazer um passeio turístico com um guia** ファゼール ウン パセイオ ツリスチコ コン ウン ギーア
バールでサッカーの試合を見たい	**assistir à partida de futebol no bar** アシスチール ア パルチーダ ジ フチボウ ノ バール
サンバのパレードを見たい	**assistir aos desfiles das escolas de samba** アシスチール アオス デスフィレス ダス エスコーラス ジ サンバ
日本が出る試合を見たい	**assistir à partida da seleção japonesa** アシスチール ア パルチーダ ダ セレサウン ジャポネーザ
サッカーの試合のチケットを買いたい	**comprar o ingresso da partida de futebol** コンプラール オ イングレッソ ダ パルチーダ ジ フチボウ
試合の会場までの行き方を知りたい	**saber o caminho do local da partida** サベール オ カミーニョ ド ロカウ ダ パルチーダ
ほかの都市のホテルの予約をしたい	**fazer reserva de hotel em outra cidade** ファゼール ヘゼルヴァ ジ オテウ エン オートラ シダージ

観光案内所で

5 ガイドマップをください。

Eu queria um guia com mapa.
エウ　ケリーア　ウン　ギーア　コン　マーパ

言い換え

パンフレット	**um panfleto.** ウン　パンフレート
観光案内パンフレット	**um panfleto de guia turístico** ウン　パンフレート　ジ　ギーア　ツリスチコ
バスの時刻表	**uma tabela com horários de ônibus.** ウーマ　タベーラ　コン　オラリオス　ジ　オニブス

6 市内観光ツアーはありますか。

Tem algum guia turístico?
テン　アウグン　ギーア　ツリスチコ

言い換え

日帰りツアー	**passeio turístico** パセイオ　ツリスチコ
おすすめのツアー	**alguma sugestão de guia** アウグーマ　スジェスタウン　ジ　ギーア
日本語ガイド付きツアー	**algum guia que fale japonês** アウグン　ギーア　キ　ファリ　ジャポネース

ツアーに参加するときの定番フレーズ

ホテルまで迎えに来てもらえますか。	**Você poderia me buscar no hotel?** ヴォセ ポデリーア ミ ブスカール ノ オテウ
自由時間はありますか。	**Tem tempo livre?** テン テンポ リヴリ
入場料は料金に含まれていますか。	**A entrada está incluída no preço?** ア エントラーダ エスタ インクルイーダ ノ プレッソ
食事代は料金に含まれていますか。	**A refeição está incluída no preço?** ア ヘフェイサウン エスタ インクルイーダ ノ プレッソ
集合場所はどこですか。	**Onde é o local de encontro?** オンジ エ オ ロカウ ジ エンコントロ
集合時間はどこですか。	**A que horas é o encontro?** ア キ オーラス エ オ エンコントロ
帰りはどこで解散ですか。	**Onde é o local de dispersão?** オンジ エ オ ロカウ ジ ジスペルサウン

❋ 滞在中に使うかも知れない店 ❋

　　スーパーマーケットは祝日を除いて基本的に8時から22時まで開いています。日曜日に営業する場合は、14時までだったり、18時までだったりと、店によって違います。コンビニはガソリンスタンドにありますが、日本に比べると規模が少し小さいです。銀行は10時から16時までで、ATMはショッピングセンターなどにもあります。ファーストフード店やピザ屋などのレストランやバーは遅くまで開いていますが、夜は気をつけましょう。もし強盗にあったら、とにかく抵抗しないことです。

乗り物を利用する

[乗り物のチケットを買う]

1 リオ中央駅まで1枚ください。

Uma passagem até a Estação Central do Rio, por favor.
ウーマ　パッサージェン　アテー　ア　エスタサウン　セントラウ　ド　ヒオ, ポル　ファヴォール

言い換え

マラカナンまで往復1枚	uma passagem de ida e volta para o Maracanã ウーマ　パッサージェン　ジ　イーダイ　ヴォウタ　パラ　オ　マラカナン
サンクリストヴァンまで片道1枚	uma passagem de ida para São Cristóvão ウーマ　パッサージェン　ジ　イーダ　パラ　サウン　クリストーヴァウン
指定席1枚	uma passagem de assento reservado ウーマ　パッサージェン　ジ　アセント　ヘゼルヴァード
ICカード（パス）1枚	um cartão inteligente ウン　カルタウン　インテリジェンチ

メトロ（地下鉄）、列車に乗るときの定番フレーズ

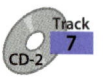

ベルフォード・ロッショに行くのは何線ですか。	Qual é a linha para Belford Roxo? クアウ エ ア リーニャ パラ ベルフォード ホッショ
2番線に乗りたいのですが。	Eu queira pegar a linha 2. エウ ケリーア ペガール ア リーニャ ドイス
カシーアスに行くのに乗り換えはありますか。	Tem transferência de linha para ir a Caxias? テン トランスフェレンシア ジ リーニャ パラ イール ア カシーアス
どこで乗り換えですか。	Onde é a transferência de linha? オンジ エ ア トランスフェレンシア ジ リーニャ
イパネマ行きはどのホームですか。	Qual é a plataforma para Ipanema? クアウ エ ア プラタフォルマ パラ イパネーマ
1本で行けますか。	Vai direto até lá? ヴァイ ジレート アテーラー
この切符でチジュカまで行けますか。	Esta passagem dá para ir até a Tijuca? エスタ パッサージェン ダー パラ イール アテー ア チジュカ

乗り物を利用する

バスに乗るときの定番フレーズ

バスの停留所はどこですか。	**Onde tem um ponto de ônibus?** オンジ テン ウン ポント ジ オニブス
このバスはガヴェア行きですか。	**Este ônibus vai para Gávea?** エスチ オニブス ヴァイ パラ ガヴェア
パン・デ・アスーカルに行くにはどこで降りたらいいですか。	**Onde eu posso descer para ir ao Pão de Açúcar?** オンジ エウ ポッソ デセール パラ イール アオ パウン ジ アスーカル
ガレオン空港行きのバスは何時ですか。	**A que horas é o ônibus para o aeroporto do Galeão?** ア キ オーラス エ オ オニブス パラ オ アエロポルト ド ガレアウン
サン・コラードまであといくつですか。	**Quantos pontos tem até São Conrado?** クアントス ポントス テン アテ サウン コンハード
チジュカに着いたら教えていただけますか。	**Você poderia me avisar quando chegar na Tijuca?** ヴォセ ポデリーア ミ アヴィザール クアンド シェガール ナ チジュカ
ドアを開けてください。	**Abra a porta, por favor.** アブラ ア ポルタ ポル ファヴォール
降ります！	**Eu vou descer!** エウ ヴォー デセール

タクシーに乗る

2 マラカナンスタジアムまでお願いします。

Até o Estádio do Maracanã, por favor.
アテー オ エスタジオ ド マラカナン ポル ファヴォール

言い換え

この住所	**este endereço** エスチ エンデレッソ
このホテル	**este hotel** エスチ オテウ
市立劇場	**o Teatro Municipal** オ チアトロ ムニシパウ
サントス・ドゥモン空港	**o aeroporto Santos Dumont** オ アエロポルト サントス ドゥモン
最寄りの病院	**um hospital mais perto** ウン オスピタウ マイス ペルト
最寄りの警察署	**uma delegacia de polícia mais perto** ウーマ デレガシーア ジ ポリーシア マイス ペルト

乗り物を利用する

❉ リオのバス ❉

　　ガレオン国際空港（アントニオ・カルロス・ジョビン国際空港）から市内に向かうバスは、およそ25分間隔で出ています。前方の出入り口から搭乗するときに、料金を運転手に直接支払います。最終目的地はバーラ・ダ・チジュカ（Barra da Tijuca）にあるアルヴォラーダ・ターミナル（Terminal Alvorada）です。リオデジャネイロ市から他の州にバスで移動する観光客は、ノーヴォ・リオ・バスターミナル Rodoviária Novo Rio を利用しましょう。EXPRESSO は特急ですが、PARADOR と書いてあるバスは一般的な巡回バスです。多くのバスは基本的に24時間運行されていますが、深夜から早朝にかけては待ち時間も長く、利用者も少ないので、安全の面からお勧めできません。バン（Van：乗り合い小型バス）の利用は避けてください。

❉ リオの地下鉄 ❉

　　月曜日から土曜日までは5時から0時、日曜日と祝日は7時から23時まで運転されます。どこまで行っても片道3,2レアル（3レアル20センターヴォ）です。日本の Suica などに相当する IC カード（10レアルから）も地下鉄の駅で購入して使えます。チャージは最低5レアル、最大500レアルまで。路線はリーニャ linha といいます。

《市内を走る路線》

linha 1（第1路線）：　Saens Peña ↔ General Osório
　　　　　　　　　　　　路線図でオレンジ色で表示
linha 2（第2路線）：　Pavuna ↔ Botafogo
　　　　　　　　　　　　路線図で緑色で表示

※2016年には linha 3（青色）、linha4（黄色）が開通して4路線になります（2014年3月現在の予定）。

観光スポットで

チケットを買う

1. 大人1枚お願いします。

Um ingresso para adulto, por favor.
ウン　イングレッソ　パラ　アドゥウト　ポル　ファヴォール

言い換え

子供1枚	um ingresso para crianças ウン　イングレッソ　パラ　クリアンサス
大人3枚	três ingressos para adultos トゥレス　イングレッソス　パラ　アドゥウトス
特別展1枚	um ingresso para exposição temporária ウン　イングレッソ　パラ　エスポジサウン　テンポラーリア
常設展1枚	um ingresso para exposição permanente ウン　イングレッソ　パラ　エスポジサウン　ペルマネンチ
S席1枚	um ingresso para o setor 1 ウン　イングレッソ　パラ　オ　セトール　ウン
自由席2枚	dois ingressos para assentos livres ドイス　イングレッソス　パラ　アセントス　リヴレス
一般席3枚	três ingressos para a geral トレス　イングレッソス　パラ　ア　ジェラウ

観光スポットで

観光スポットで使う定番フレーズ

日本語の音声ガイドはありますか。 **Tem audio em japonês?**
テン　アウジオ　エン　ジャポネース

日本語のパンフレットはありますか。 **Tem um panfleto em japonês?**
テン　ウン　パンフレート　エン　ジャポネース

ロッカーはありますか。 **Tem um armário?**
テン　ウン　アルマーリオ

ここは有料ですか。 **Aqui é pago?**
アキー　エ　パーゴ

ここは無料ですか。 **Aqui é gratuito?**
アキー　エ グラトゥイート

ここは何時までですか。 **É até que horas?**
エ アテー　キ　オーラス

まだ入れますか。 **Eu ainda posso entrar?**
エウ　アインダ　ポッソ　エントラール

❊天然の恵「アサイー」のパワー❊

　アサイー（açaí）はブラジル北部原産で、コロンブス以前の時代から食されていたと言われます。アマゾン州やパラー州を中心に多くの州で産出されています。ガラナジュースを加えてアイスクリームのような状態にして深皿に入れ、バナナやシリアルを添えても、またストレートでもおいしいです。アサイーは鉄分やビタミンが豊富で、ポリフェノールが多く含まれています。体内をきれいにして余分なものの排出を促すので、健康にいいとされています。軽食堂（lanchonete）や北東部の物産を取り扱った店、露店などでも飲めます。

許可を得る

2. 入ってもいいですか。

Eu posso entrar?
エウ　ポッソ　エントラール

言い換え

荷物を持って入っても	entrar com as bagagens
	エントラール　コン　アズ　バガージェンス
再入場しても	entrar outra vez
	エントラール　オートラ　ヴェス
触っても	tocar
	トカール
ここに座っても	me sentar aqui
	ミ　センタール　アキー

写真を撮る

3. 写真を撮ってもいいですか。

Eu posso tirar fotos?
エウ　ポッソ　チラール　フォトス

言い換え

ここで写真を撮っても	tirar fotos aqui
	チラール フォトス　アキー
フラッシュを使っても	usar flash
	ウザール フラッシュ
ビデオに撮っても	filmar
	フィウマール

写真を撮ってもらうときの定番フレーズ

写真を撮っていただけますか。
Você poderia tirar minha foto?
ヴォセ　ポデリーア　チラール　ミーニャ　フォト

一緒に写真を撮ってもいいですか。
Eu posso tirar foto junto?
エウ　ポッソ　チラール　フォト　ジュント

ここを押してもらえませんか。
Você poderia apertar aqui?
ヴォセ　ポデリーア　アペルタール　アキー

もう１枚お願いできますか。
Você poderia tirar mais uma?
ヴォセ　ポデリア　チラール　マイズ　ウーマ

これが入るように撮っていただけますか。
Você poderia incluir isto também?
ヴォセ　ポデリーア　インクルイール　イスト　タンベン

全体が入るように撮っていただけますか。
Você poderia incluir tudo?
ヴォセ　ポデリーア　インクルイール　トゥード

舞台を鑑賞するときの定番フレーズ

指定席ですか。	**Este é o assento reservado?**
当日券はありますか。	**Você tem o ingresso para este dia?**
その席からは舞台全体が見えますか。	**Eu posso ver tudo desse assento?**
一番安い席でお願いします。	**Um assento mais barato, por favor.**
正面席がいいのですが。	**Eu queria um assento de frente.**
通路の横の席がいいのですが。	**Eu queria um assento junto ao corredor.**
隣り合わせで座りたいのですか。	**Eu queria me sentar lado a lado.**

観光スポットで

映画を見るときの定番フレーズ

Track CD-2 15

この映画には誰が出ていますか。
Quem aparece neste filme?
キン　アパレッシ　ネスチ　フィウミ

どこの映画館で上映していますか。
Em que cinema está passando este filme?
エン　キ　シネーマ　エスタ　パッサンド　エスチ フィウミ

上映時間はどれくらいですか。
Quanto tempo leva o filme?
クアント　テンポ　レーヴァ　オ　フィウミ

次の上映は何時からですか。
A que horas começa a próxima sessão?
ア　キ　オーラス　コメッサ　ア　プロッシマ　セサウン

入場料はいくらですか。
Quanto custa o ingresso?
クアント　クスタ　オ　イングレッソ

❋ ブラジルでよく使われるジリア ❋

＊ gíria。スラングのこと。

　falou は「話す」を意味する動詞 falar の三人称単数過去形で、ジリアでは"Falou."は、「わかった」「ＯＫ」や「(別れるとき)じゃあね」などの意味で使われます。「お金」は dinheiro ですが、リオデジャネイロとサンパウロでは grana もよく使われます。同様に、「ありがとう」は"Obrigado."ですが、リオデジャネイロなどでは、「ありがとう」「どうも」「助かったよ」などの意味で"Valeu."もよく使われます。

　また、「素晴らしい」は bacana ですが、最近はそれに代わって、maneiro がよく使われます。英語の cool にあたる言葉です。show de bola は、「最高」「すごくいい」という意味でよく使われるようになった言葉です。ジリアも時とともに変化していきます。

スポーツ観戦

応援するときの定番フレーズ

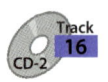

頑張れ！	**Vamos lá!** ヴァモス ラー
行け！	**Vai!** ヴァイ
危ない！	**Cuidado!** クイダード
ああ、危なかった。	**Que susto!** キ スス ト
惜しい！	**Que pena!** キ ペーナ
やった！	**É isso aí!** エ イッソ アイー
何やっているんだ！	**O que é isso?** オ キ エ イッソ
すごい！	**Valeu!** ヴァレウ
すごかったね。	**Foi muito bom, né?** フォイ ムイント ボン ネー
しっかりしろ！	**Fique firme!** フィキ フィルミ
よかったね。おめでとう！	**Que bom! Parabéns!** キ ボン パラベンス

スポーツ観戦

スポーツに関する単語

スポーツ	o esporte オ エスポルチ
ワールドカップ	a Copa do Mundo ア コッパ ド ムンド
オリンピック	as Olimpíadas アス オリンピーアダス
サッカー	o futebol オ フッチボウ
フットサル	o futsal オ フッチサウ
テニス	o tênis オ テニス
バレーボール	o voleibol オ ヴォレイボウ
ビーチバレー	o voleibol de praia / o vôlei de praia オ ヴォレイボウ ジ プライア　オ ヴォレイ ジ プライア
バスケットボール	o basquetebol オ バスケッチボウ
卓球	o tênis de mesa オ テニス ジ メーザ
バドミントン	o badminton オ バジミントン
柔道	o judô オ ジュドー
レスリング	a luta livre / a wrestling ア ルータ リヴリ　ア レスリング
ボクシング	o boxe オ ボクシ
フェンシング	a esgrima ア エスグリーマ
重量挙げ	o levantamento de peso オ レヴァンタメント ジ ペーソ
野球	o beisebol オ ベイジボウ
陸上競技	o atletismo オ アトレチズモ
マラソン	a maratona ア マラトーナ
水泳	a natação ア ナタサウン
体操	a ginástica ア ジナースチカ
金メダル	a medalha de ouro ア メダーリャ ジ オーロ
銀メダル	a medalha de prata ア メダーリャ ジ プラータ

銅メダル	a medalha de bronze
優勝	o campeão
準優勝	o vice campeão
1位	o primeiro colocado
2位	o segundo colocado
選手	o jogador / o atleta
世界新記録	o recorde mundial
試合	a partida
次の試合	a próxima partida
決勝戦	a partida final
予選	a partida preliminar
ボール	a bola
シュート	o chute
同点	o empate
日本の勝ち	a vitória do Japão
日本の負け	a derrota do Japão
引き分け	o empate
判定	a decisão / o juízo
反則	a violação das regras
審判員	o árbitro
副審（線審）	o bandeirinha
イエローカード	o cartão amarelo
レッドカード	o cartão vermelho
チャンス	a chance
ピンチ	a situação crítica

トラブル編

　旅行中、持ち物の紛失や盗難、事故や病気などのトラブルにあい、ポルトガル語で助けを求めたり説明したりする必要が生じる可能性があります。ここでは、そのような場面で使える表現を紹介します。

トラブルに直面！

とっさの一言

助けて！	**Socorro!** ソコーホ
やめてください！	**Para!** パーラ
痛いです。	**Está doendo!** エスタ ドエンド
危ない！	**Cuidado!** クイダード
泥棒！	**Ladrão!** ラドラウン
火事だ！	**Fogo!** フォーゴ
来てください！	**Vem cá!** ヴェン カー
気をつけて！	**Cuidado!** クイダード
危ないですよ！	**É perigoso!** エ ペリゴーソ
ごめんなさい！	**Desculpe!** デスクピ
早く逃げろ！	**Fuja logo!** フージャ ローゴ

トラブルに直面！

助けを呼ぶ

Track CD-2 18

1. 警察を呼んで！

Chame a polícia!
シャーミ　ア　ポリーシア

言い換え

医者	o médico オ　メジコ	
救急車	a ambulância ア　アンブラーンシア	
家族	minha família ミーニャ　ファミーリア	
ガイド	o guia（男の人）／ a guia（女の人） オ　ギーア　　　　　ア　ギーア	
日本語がわかる人	uma pessoa que entenda japonês ウーマ　ペッソア　キ　エンテンダ　ジャポネース	
誰か	alguém アウゲン	

機内・空港編／宿泊編／飲食編／買い物編／観光編／トラブル編／旅単語集

125

[盗難に遭ったとき]

2 道でひったくりに遭いました。

Me roubaram na rua.
ミ　　　ホーバーラン　　ナ　フーア

言い換え

地下鉄で	no metrô ノ　メトロー
海岸で	na praia ナ　プライア
レストランで	no restaurante ノ　ヘスタウランチ
スタジアムで	no estádio ノ　エスタージオ

❋紛失・盗難に備えて❋

　物を紛失したり、スリや強盗などにあったりしたときは、最寄りの警察署（Delegacia）に届け出て、事故証明書（B.O：Boletim de Ocorrêcia）を作成してもらいましょう。地下鉄や空港、バスターミナルでは、遺失物課（Setor de Achados e Perdidos）に届け出ましょう。すべての州首都には、外国人に対応できる警察署があります。

トラブルに直面！

3 バッグを盗まれました。
Me roubaram a mala.
ミ　　ホーバーラン　　ア　マーラ

言い換え

クレジットカード	o cartão de crédito オ　カルタウン　ジ　クレジト
携帯電話	o celular オ　セルラー
iPad	o iPad オ アイパッジ
財布	a carteira ア　カルテイラ
お金	o dinheiro オ　ジニェイロ

紛失したとき

4 パスポートをなくしました。
Eu perdi o passaporte.
エウ　ペルジ　オ　　パサポルチ

言い換え

航空券	a passagem ア　パッサージェン
手帳	a agenda ア　アジェンダ
チケット	o bilhete オ　ビリェッチ
腕時計	o relógio de pulso オ　ヘロージオ　ジ　プウソ
鍵	a chave ア　シャーヴィ

連絡を頼む

5. 日本領事館に連絡をしていただけますか。

Você poderia telefonar para o Consulado do Japão?
ヴォセー　ポデリーア　テレフォナール　パラ　オ　コンスラード　ド　ジャパウン

言い換え

| 日本大使館 | a Embaixada do Japão |
| | ア　エンバイシャーダ　ド　ジャパウン |

警察　　　　a polícia
　　　　　　ア　ポリーシア

ホテル　　　o hotel
　　　　　　オ　オテウ

ガイド　　　o guia（男の人）／ a guia（女の人）
　　　　　　オ　ギーア　　　　　　ア　ギーア

病院　　　　o hospital
　　　　　　オ　オスピタウ

旅行代理店　a agência de viagem
　　　　　　ア　アジェンシア　ジ　ヴィアージェン

私　　　　　mim
　　　　　　ミン

トラブルに遭ったときの定番フレーズ

日本語（英語）が話せる人はいませんか。	**Tem alguém que fala japonês (inglês)?** テン アウゲン キ ファラ ジャポネース（イングレース）
どうしたらいいですか。	**O que eu faço?** オ キ エウ ファッソ
どこに行けばいいですか。	**Para onde eu devo ir ?** パラ オンジ エウ デヴォ イール
日本領事館に連れて行ってくださいませんか。	**Você poderia me levar para o Consulado do Japão?** ヴォセ ポデリーア ミ レヴァール パラ オ コンスラード ド ジャパウン
電話を貸してもらえますか。	**Eu queria usar o telefone.** エウ ケリーア ウザール オ テレフォーニ
私がしたのではありません。	**Eu não fiz isso.** エウ ナウン フィス イッソ
ポルトガル語がわかりません。	**Eu não entendo português.** エウ ナウン エンテンド ポルトゥゲース

盗難に遭ったとき・紛失したときの定番フレーズ

警察はどこですか。	**Onde é a Polícia?** オンジ エ ア ポリーシア
盗難届に来ました。	**Eu vim aqui para fazer um registro de roubo.** エウ ヴィン アキー パラ ファゼール ウン ヘジストロ ジ ホーボ
紛失物の届け出です。	**Eu queria fazer um registro de perda.** エウ ケリーア ファゼール ウン ヘジストロ ジ ペルダ
バッグの中には、クレジットカード、現金、携帯が入っていました。	**Dentro da minha mala tinha cartão de crédito, dinheiro e celular.** デントロ ダ ミーニャ マーラ チニャ カルタウン ジ クレジト ジニェイロ イ セルラー
見つかったら、私に連絡していただけますか。	**Caso encontre, você poderia entrar em contato comigo?** カーゾ エンコントリ ヴォセ ポデリーア エントラール エン コンタート コミーゴ
クレジットカードを無効にしたいです。	**Eu queria invalidar o cartão de crédito.** エウ ケリーア インヴァリダール オ カルタウン ジ クレジト

事故にあったとき・けがをしたときの定番フレーズ

転びました。	**Eu caí.** エウ カイー
けがをしました。	**Eu me machuquei.** エウ ミ マシュケイ
車の事故に遭いました。	**Eu sofri um acidente de carro.** エウ ソフリ ウン アシデンチ ジ カーホ
車にはねられました。	**O carro me atropelou.** オ カーホ ミ アトロペロー
私を病院に連れて行ってください。	**Você poderia me levar para o hospital?** ヴォセ ポデリーア ミ レヴァール パラ オ オスピタウ
ここが痛いです。	**Aqui está doendo.** アキー エスター ドエンド
保険に入っています。	**Eu tenho seguro.** エウ テーニョ セグーロ

✲ビーチは人生の一部✲

カリオカ（Carioca：リオデジャネイロの人々）にとって、ビーチは人生の一部です。女性は歯間ブラシのような小さな水着でブロンズの体を誇示し、男性はビーチバレーやサッカーをして俊敏な体を鍛えます。スポーツの場としてではなく、自然を愛し、太陽と風を浴びて、完全に自由であることを謳歌します。また、カリオカの生活の一部としてのビーチは、新しい出会いの場でもあります。生ビール（chope）やココナツジュース（água de coco）を片手に会話を楽しむ人もたくさんいます。一方で、観光客は持ち物に気をつけ、日が暮れてからは歩かないほうが安全です。

病院で

発症時期を伝える

1 昨日からです。

Desde ontem.
デズジ　オンテン

言い換え

今朝	esta manhã	エスタ　マニャン
数日前	alguns dias atrás	アウグンズ　ジーアス　アトラース
先週	a semana passada	ア　セマーナ　パッサーダ
先ほど	momentos antes	モメントス　アンチス

2 お腹が痛いです。

Estou com dor na barriga.
エストー　コン　ドール　ナ　バヒーガ

言い換え

胃	no estômago	ノ　エストーマゴ
頭	de cabeça	ジ　カベッサ
肩	nos ombros	ノス　オンブロス
下腹部	no ventre	ノ　ヴェントリ

病院で

病院で使う定番フレーズ

日本語が話せる医者はいますか。	Tem algum médico que fala japonês? テン アウグン メジコ キ ファラ ジャポネース
気分が悪いです。	Eu estou me sentindo mal. エウ エストー ミ センチンド マウ
胸が苦しいです。	Eu estou sem respiração. エウ エストー セン ヘスピラサウン
熱があります。	Eu estou com febre. エウ エストー コン フェブリ
薬アレルギーがあります。	Eu tenho alergia a medicamentos. エウ テーニョ アレルジーア ア メジカメントス
妊娠中です。	Eu estou grávida. エウ エストー グラヴィダ
生理中です。	Eu estou menstruada. エウ エストー メンストゥルアーダ
食欲がありません。	Eu não tenho apetite. エウ ナウン テーニョ アペチチ
食べ物があたったかもしれません。	Eu acho que tive uma intoxicação. エウ アショ キ チヴィ ウーマ イントシカサウン
今朝から具合が悪くなりました。	Eu me sinto mal desde a manhã. エウ ミ シント マウ デズジ ア マニャン
診断書をいただけますか。	Eu queria um atestado médico. エウ ケリーア ウン アテスタード メジコ

薬を買う

3 この薬をください。

Eu queria este medicamento.
エウ　　ケリーア　　エスチ　　　　メジカメント

言い換え

痛み止め	um analgésico ウン　アナウジェジコ
頭痛薬	um medicamento para dor de cabeça ウン　メジカメント　パラ　ドール　ジ　カベッサ
風邪薬	um medicamento para gripe ウン　メジカメント　パラ　グリッピ
解熱剤	um antitérmico ウン　アンチテールミコ
絆創膏	um esparadrapo ウン　エスパラドゥラーポ
（乗り物）酔い止め	um medicamento para enjoo ウン　メジカメント　パラ　エンジョー
虫除け	um repelente de insetos ウン　ヘペレンチ　ジ　インセートス
胃腸薬	um remédio para digestão ウン　ヘメジオ　パラ　ジジェスタウン

病院で

薬の飲み方の説明

4 1日3回飲んでください。

Tome três vezes por dia.
トーミ　トゥレース　ヴェーゼス　ポル　ジーア

食前に	antes das refeições アンチス ダス ヘフェイソンイス
食後に	depois das refeições デポイス ダス ヘフェイソンイス
空腹時に	quando estiver em jejum クアンド エスチヴェール エン ジェジュン
寝る前に	antes de dormir アンチス ジ ドルミール
朝と夜に	de manhã e à noite ジ マニャン イ ア ノイチ

言い換え

薬を飲むときの定番フレーズ

何日飲めばいいですか。	Quantos dias eu devo tomar? クアントス ジーアス エウ デヴォ トマール
この薬は眠くなりますか。	Este remédio dá sono? エスチ ヘメージオ ダー ソーノ
これは強い薬ですか。	Este remédio é forte? エスチ ヘメージオ エ フォルチ

身体部位の単語

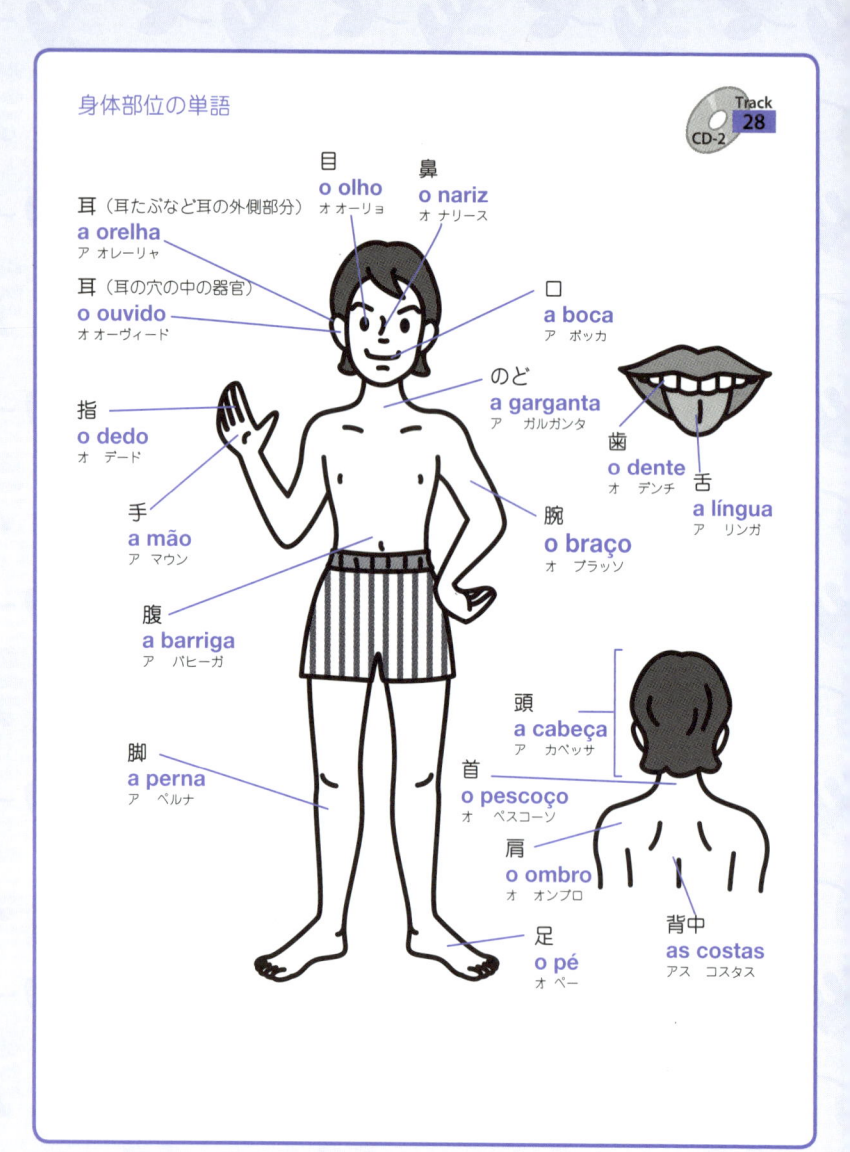

耳（耳たぶなど耳の外側部分）
a orelha
ア オレーリャ

耳（耳の穴の中の器官）
o ouvido
オ オーヴィード

目
o olho
オ オーリョ

鼻
o nariz
オ ナリース

口
a boca
ア ボッカ

のど
a garganta
ア ガルガンタ

歯
o dente
オ デンチ

舌
a língua
ア リンガ

指
o dedo
オ デード

手
a mão
ア マウン

腕
o braço
オ ブラッソ

腹
a barriga
ア バヒーガ

頭
a cabeça
ア カベッサ

首
o pescoço
オ ペスコーソ

肩
o ombro
オ オンブロ

脚
a perna
ア ペルナ

足
o pé
オ ペー

背中
as costas
アス コスタス

すぐに使える
旅単語集 500

シーンごとに、役立つ単語をまとめました。旅先のさまざまなシーンで使える単語がすぐに見つかります。

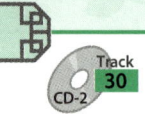

機内・空港編

- [ ] 座席
  o assento
  オ アセント

- [ ] 窓側の席
  o assento do lado da janela
  オ アセント ド ラード ダ ジャネーラ

- [ ] 通路側の席
  o assento do lado do corredor
  オ アセント ド ラード ド コヘドール

- [ ] お手洗い
  o banheiro
  オ バニェイロ

- [ ] 非常口
  a saída de emergência
  ア サイーダ ジ エメルジェンシア

- [ ] 毛布
  o cobertor
  オ コベルトール

- [ ] 日本の新聞
  o jornal japonês
  オ ジョルナウ ジャポネース

- [ ] 日本の雑誌
  a revista japonesa
  ア ヘヴィスタ ジャポネーザ

- [ ] 離陸
  a decolagem
  ア デコラージェン

- [ ] 着陸
  a aterrissagem
  ア アテヒサージェン

- [ ] 出発
  a partida
  ア パルチーダ

- [ ] 到着
  a chegada
  ア シェガーダ

- [ ] 出発時刻
  a hora da partida
  ア オーラ ダ パルチーダ

- [ ] 到着時刻
  a hora da chegada
  ア オーラ ダ シェガーダ

- [ ] 現地時間
  a hora local
  ア オーラ ロカウ

- [ ] 時差
  o fuso horário
  オ フーソ オラーリオ

- [ ] 目的地
  o destino
  オ デスチーノ

- [ ] 気温
  a temperatura
  ア テンペラトゥーラ

- [ ] 定刻
  no tempo previsto
  ノ テンポ プレヴィスト

- [ ] 遅延
  o atraso
  オ アトラーゾ

※この単語集では、特に不規則変化しない場合、形容詞は男性単数で記しています。

- 空港
  o aeroporto
  オ　アエロポルト

- チェックインカウンター
  o balcão de "check-in"
  オ　バウカウン　ジ　シェッキイン

- 航空券
  a passagem aérea
  ア　パッサージェン　アエレア

- 搭乗口
  o portão de embarque
  オ　ポルタウン　ジ　エンバルキ

- 搭乗券
  o cartão de embarque
  オ　カルタウン　ジ　エンバルキ

- 便名
  o número do voo
  オ　ヌーメロ　ド　ヴォー

- 便の変更
  a mudança de voo
  ア　ムダンサ　ジ　ヴォー

- 乗り継ぎ
  a conecção
  ア　コネクサウン

- 入国審査
  o controle de passaportes
  オ　コントローリ　ジ　パサポルチス

- 出国審査
  a imigração
  ア　イミグラサウン

- 税関
  a alfândega
  ア　アウファンデガ

- 税関申告書
  o formulário de declaração alfandegária
  オ　フォルムラーリオ　ジ　デクララサウン　アウファンデガリア

- 持ち込み禁止品
  os produtos proibidos
  オス　プロドゥートス　プロイビードス

- パスポート
  o passaporte
  オ　パサポルチ

- 姓名
  o nome e o sobrenome
  オ　ノーミ　イ　オ　ソブリノーミ

- 国籍
  a nacionalidade
  ア　ナシオナリダージ

- 居住地
  a residência
  ア　ヘジデンシア

- ターンテーブル
  a esteira
  ア　エステイラ

- 荷物受取所
  o local de pegar a bagagem
  オ　ロカウ　ジ　ペガール　ア　バガージェン

- 国内線
  a linha doméstica
  ア　リーニャ　ドメスチカ

宿泊編

- ホテル
  o hotel
  オ　オテウ

- フロント
  a recepção
  ア　ヘセピサウン

- ロビー
  o lobby
  オ　ロビー

- エレベーター
  o elevador
  オ　エレヴァドール

- エスカレーター
  a escada rolante
  ア　エスカーダ　ホランチ

- 階段
  a escada
  ア　エスカーダ

- 予約
  a reserva
  ア　ヘゼルヴァ

- キャンセル
  o cancelamento
  オ　カンセラメント

- チェックイン
  o check-in
  オ　シェッキイン

- チェックアウト
  o check-out
  オ　シェッキアウト

- 料金
  o preço / o valor
  オ　プレッソ　オ　ヴァロール

- ホテルの部屋
  o quarto do hotel
  オ　クアルト　ド　オテウ

- シングルルーム
  o quarto de solteiro
  オ　クアルト　ジ　ソウテイロ

- ダブルルーム
  o quarto duplo
  オ　クアルト　ドゥプロ

- トリプルルーム
  o quarto triplo
  オ　クアルト　トゥリプロ

- 喫煙ルーム
  o quarto para fumantes
  オ　クアルト　パラ　フマンチス

- 禁煙ルーム
  o quarto para não fumantes
  オ　クアルト　パラ　ナウン　フマンチス

- バスルーム
  o banheiro
  オ　バニェイロ

- シャワー
  o chuveiro
  オ　シュヴェイロ

- 内線番号
  o ramal
  オ　ハマウ

- [ ] テレビ
  a televisão
  ア テレヴィザウン

- [ ] エアコン
  o ar condicionado
  オ アール コンジシオナード

- [ ] 冷蔵庫
  o frigobar
  オ フリゴバール

- [ ] ベッド
  a cama
  ア カーマ

- [ ] 枕
  o travesseiro
  オ トラヴェッセイロ

- [ ] 毛布
  o cobertor
  オ コベルトール

- [ ] シーツ
  o lençol
  オ レンソウ

- [ ] 鍵
  a chave
  ア シャーヴィ

- [ ] 1階
  o andar térreo
  オ アンダール テヘオ

- [ ] 2階
  o primeiro andar
  オ プリメイロ アンダール

- [ ] 3階
  o segundo andar
  オ セグンド アンダール

- [ ] 最上階
  o último andar
  オ ウウチモ アンダール

- [ ] 朝食
  o café da manhã
  オ カフェー ダ マニャン

- [ ] 昼食
  o almoço
  オ アウモッソ

- [ ] 夕食
  o jantar
  オ ジャンタール

- [ ] コーヒーラウンジ
  a cafeteria
  ア カフェテリーア

- [ ] バー
  o bar
  オ バール

- [ ] プール
  a piscina
  ア ピシーナ

- [ ] リモコン
  o controle remoto
  オ コントローリ ヘモト

- [ ] クリーニング
  a lavagem
  ア ラヴァージェン

飲食編

〈前菜〉

- [ ] ドライトマト
  o tomate seco
  オ　トマッチ　セーコ

- [ ] サーモンのマリネ
  o salmão marinado
  オ　サウマウン　マリナード

- [ ] スモークサーモン
  o salmão defumado
  オ　サウマウン　デフマード

- [ ] 鶏のサラダ仕立て
  a salada de frango
  ア　サラーダ　ジ　フランゴ

- [ ] カラブレーザソーセージ
  a linguiça calabresa
  ア　リングイッサ　カラブレーザ

- [ ] カニの甲羅詰め
  a casquinha de siri
  ア　カスキーニャ　ジ　シリ

- [ ] カキのタルタルソースがけ
  as ostras ao molho tártaro
  アス　オストラス　アオ　モーリョ　タルタロ

- [ ] 生ガキ
  a ostra crua
  ア　オストラ　クルア

- [ ] タコサラダ
  a salada de polvo
  ア　サラダ　ジ　ポウヴォ

〈つけあわせ〉

- [ ] フェイジャン（豆）
  o feijão
  オ　フェイジャウン

- [ ] 白米
  o arroz branco
  オ　アホース　ブランコ

- [ ] ファロッファ *
  a farofa
  ア　ファロッファ
  *キャッサバ芋や玉ねぎなどを炒めた副菜。フェイジョアーダや肉料理に添えられる

- [ ] ヤセイカンラン *
  a couve
  ア　コーヴェ
  *キャベツなどの原種の野菜

- [ ] ヴィネガー
  o molho a vinagre
  オ　モーリョ　ア　ヴィナグリ
  (o molho a campanha)
  オ　モーリョ　ア　カンパーニャ

- [ ] ポテトフライ
  as batatas fritas
  アス　バタータス　フリータス

- [ ] トマトサラダ
  a salada de tomates
  ア　サラーダ　ジ　トマッチス

- [ ] ミックスサラダ
  a salada mista
  ア　サラーダ　ミスタ

- [ ] ステーキ
  o bife
  オ　ビッフィ

〈お酒のつまみ〉

- [ ] チキンパイ
  a coxinha
  ア　コシーニャ

- [ ] 肉や野菜の具の入ったパイ
  a empanada
  ア　エンパナーダ

- [ ] 鶏の唐揚げ
  o frango à passarinha
  オ　フランゴ　ア　パサリーニャ

- [ ] マンジュビニャ*
  a manjubinha
  ア　マンジュニーニャ
  *キビナゴなど小魚を揚げた料理

- [ ] 牛ヒレ肉（一口サイズ）
  o filé aperitivo
  オ　フィレー　アペリチーヴォ

- [ ] ポテトフライ
  as batatas fritas
  アス　バタータス　フリータス

- [ ] オリーブ
  a azeitona
  ア　アゼイトーナ

- [ ] 焼ソーセージ
  a linguiça frita
  ア　リンギッサ　フリータ

- [ ] エビフライ
  os camarões fritos
  オス　カマロンイス　フリートス

- [ ] エビグリル
  os camarões grelhados
  オス　カマロンイス　グレリャードス

〈チーズ〉

- [ ] チーズ
  os queijos
  オス　ケイジョス

- [ ] ミナス*
  o queijo Minas
  オ　ケイジョ　ミナス
  *ブラジル南東部、ミナス・ジュライス州名産のチーズ。

- [ ] パルメザン
  o queijo parmesão
  オ　ケイジョ　パルメザウン

- [ ] モッツァレッラ
  a mussarela
  ア　ムッサレーラ

- [ ] コアリョ*
  o coalho
  オ　コアーリョ
  *炭火で串焼きにして食べるチーズ。

- [ ] クリームチーズ
  o requeijão
  オ　ヘイジャウン

- [ ] プラトチーズ
  o queijo prato*
  オ　ケイジョ　プラート
  *溶けやすく切りやすいソフトチーズ。

- [ ] カマンベール
  o camembert
  オ　カマンベール

- [ ] リコッタ
  a ricota*
  ア　ヒコッタ
  *南イタリア原産の熟成させないタイプのチーズ。

飲食編

〈料理・飲み物〉

- [ ] シュラスコ
  o churrasco
  オ　シュハスコ

- [ ] フェイジョアーダ
  a feijoada
  ア　フェイジョアーダ

- [ ] ペイシャーダ *
  a peixada
  ア　ペイシャーダ
  ＊魚介の煮込み。

- [ ] 魚介の煮込み
  a moqueca
  ア　ムケッカ

- [ ] ローストビーフ
  a carne assada / o rosbife
  ア　カルニ　アサーダ　オ　ホズビフィ

- [ ] ピザ
  a pizza
  ア　ピッツァ

- [ ] ホットドッグ
  o cachorro quente
  オ　カショーホ　ケンチ

- [ ] 干しダラのコロッケ
  o bolinho de bacalhau
  オ　ボリーニョ　ジ　バカラリャウ

- [ ] ポルトガル風煮込み *
  o cozido à portuguesa
  オ　コジード　ア　ポルトゥゲーザ
  ＊肉や野菜などを煮込んだ料理

- [ ] ブラジルの魚料理
  o peixe à brasileira
  オ　ペイシ　ア　ブラジレイラ

- [ ] アカラジェ *
  o acarajé
  オ　アカラジェー
  ＊バイーア地方の伝統料理。豆の粉で作った団子を揚げ、中に具をはさんだもの。

- [ ] チーズパン
  o pão de queijo
  オ　パウン　ジ　ケイジョ

- [ ] ミナス風の黒豆
  o tutu à mineira
  オ　トゥートゥ　ア　ミネイラ

- [ ] パステル *
  o pastel
  オ　パステウ
  ＊ブラジル風揚げ餃子。

- [ ] ヴァタパー *
  o vatapá
  オ　ヴァタパー
  ＊バイーア地方の伝統料理。ナッツや香味野菜などを煮詰めてペースト状にしたもの。

- [ ] エンパダン *
  o empadão
  オ　エンパダウン
  ＊マッシュポテトに肉などを加えてオーブンで焼いた料理。

- [ ] サルピカンサラダ *
  a salada de salpicão
  ア　サラーダ　ジ　サウピカウン
  ＊フライドポテトとキャベツやコーンなどを混ぜたサラダ。

- [ ] キャッサバフライ
  a mandioca frita
  ア　マンジオッカ　フリータ

- [ ] チーズとハムのホットサンドイッチ
  o misto quente
  オ ミスト ケンチ

- [ ] モルタデーラサンドイッチ
  o sanduiche de mortadela
  オ サンドゥイーシ ジ モルタデーラ

- [ ] ビール／生ビール
  a cerveja / o chope
  ア セルヴェージャ オ ショッピ

- [ ] 赤ワイン
  o vinho tinto
  オ ヴィーニョ チント

- [ ] 白ワイン
  o vinho branco
  オ ヴィーニョ ブランコ

- [ ] スパークリングワイン
  o vinho espumante
  オ ヴィーニョ エスプマンチ

- [ ] カイピリーニャ
  a caipirinha
  ア カイピリーニャ

- [ ] オレンジジュース
  o suco de laranja
  オ スコ ジ ラランジャ

- [ ] ミネラルウォーター
  a água mineral
  ア アグア ミネラウ

- [ ] マテ茶
  o chá mate
  オ シャ マチ

〈デザート〉

- [ ] 牛乳プリン
  o pudim de leite
  オ プジン ジ レイチ

- [ ] コンデンスミルクプリン
  o pudim de leite condensado
  オ プジン ジ レイチ コンデンサード

- [ ] アサイ
  o açaí
  オ アサイー

- [ ] カボチャのスイーツ
  o doce de abóbora
  オ ドッシ ジ アボーボラ

- [ ] アイスクリーム
  o sorvete
  オ ソルヴェッチ

- [ ] タピオカプリン
  o cuscuz de tapioca
  オ クスクス ジ タピオーカ

- [ ] チョコレートケーキ
  o bolo de chocolate
  オ ボーロ ジ ショコラーチ

- [ ] パフェ
  o pavê
  オ パヴェー

- [ ] グアバスイーツ
  a goiabada
  ア ゴイアバーダ

- [ ] ティラミス
  o tiramissu
  オ チラミース

飲食編

〈味〉

- [ ] 甘い
  doce
  ドッシ

- [ ] 塩からい
  salgado
  サウガード

- [ ] スパイシー
  apimentado
  アピメンタード

- [ ] 酸っぱい
  azedo
  アゼード

- [ ] 苦い
  amargo
  アマルゴ

- [ ] 辛い
  picante
  ピカンチ

- [ ] 脂っこい
  gorduroso
  ゴルドゥローソ

- [ ] 味が濃い
  muito temperado
  ムイント　テンペラード

- [ ] 激辛
  ardente
  アルデンチ
  ※パスタなどを注文するときに注意しましょう。「あまり柔らかくないように」はNão muito macia. ナウン ムイント マシアといいます。

〈調理法〉

- [ ] 揚げた
  frito
  フリート

- [ ] 炒めた
  refogado
  ヘフォガード

- [ ] オーブンで焼いた
  assado no forno
  アサード　ノ　フォルノ

- [ ] グリルした
  grelhado
  グレリャード

- [ ] ローストした
  assado
  アサード

- [ ] マリネした
  marinado
  マリナード

- [ ] 薫製にした
  defumado
  デフマード

- [ ] ゆでた
  cozido
  コジード

- [ ] ドライ風味の（干した、乾燥させた）
  seco
  セーコ

- [ ] 冷やした
  frio
  フリオ

- [ ] 生の
  cru / crua
  クル　クルア

〈調味料〉

- 塩
  o sal
  オ　サウ

- 砂糖
  o açúcar
  オ　アスーカル

- こしょう
  a pimenta
  ア　ピメンタ

- 酢
  o vinagre
  オ　ヴィナグリ

- しょうゆ
  o molho de soja
  オ　モーリョ　ジ　ソージャ

- マスタード
  a mostarda
  ア　モスタルダ

- バター
  a manteiga
  ア　マンテイガ

- オリーブオイル
  o azeite
  オ　アゼイチ

- マヨネーズ
  a maionese
  ア　マイオネージ

- ケチャップ
  o catchup
  オ　ケチャッピ

〈ファーストフード〉

- ハンバーガー
  o hamburguer
  オ　アンブルゲール

- フライドポテト
  as batatas fritas
  アス　バタータス　フリータス

- ピザ
  a pizza
  ア　ピッツァ

- フライドチキン
  o frango frito
  オ　フランゴ　フリート

- サンドイッチ
  o sanduíche
  オ　サンドゥイーシ

- ガレット（ローストチキン）
  o galeto
  オ　ガレット

- クレープ
  o crepe
  オ　クレーピ

- 持ち帰り／テイクアウト
  para viagem
  パラ　ヴィアージェン

- セット
  o combo
  オ　コンボ

- チーズハンバーガー
  o hamburguer com queijo
  オ　アンブルゲール　コン　ケイジョ

飲食編

〈食材〉肉

- [ ] 牛肉
  a carne de boi
  ア カルニ ジ ボイ
  / a carne de vaca
  ア カルニ ジ ヴァッカ

- [ ] 豚肉
  a carne de porco
  ア カルニ ジ ポルコ

- [ ] 鶏肉
  a carne de frango
  ア カルニ ジ フランゴ

- [ ] 羊肉
  a carne de carneiro
  ア カルニ ジ カルネイロ

- [ ] ウサギ肉
  a carne de coelho
  ア カルニ ジ コエーリョ

- [ ] 鴨肉
  a carne de pato
  ア カルニ ジ パート

- [ ] ソーセージ
  a linguiça
  ア リンギッサ

- [ ] ハム
  o presunto
  オ プレズント

- [ ] ひき肉
  a carne moída
  ア カルニ モイーダ

- [ ] ベーコン
  o touchinho
  オ トーシーニョ

〈食材〉魚介類

- [ ] カキ
  a ostra
  ア オストラ

- [ ] ムール貝
  o mexilhão
  オ メシリャウン

- [ ] 小エビ
  o camarão
  オ カマラウン

- [ ] マグロ
  o atum
  オ アトゥン

- [ ] サケ
  o salmão
  オ サウマウン

- [ ] タラ
  o bacalhau
  オ バカリャウ

- [ ] スズキ
  o robalo
  オ ホバーロ

- [ ] タイ
  um tipo de dourada
  ウン チポ ジ ドーラーダ

- [ ] 舌平目
  o linguado
  オ リングアード

- [ ] （大きめの）エビ
  a lagosta
  ア ラゴスタ

〈食材〉野菜

- [ ] ジャガイモ
  a batata
  ア　バタータ
- [ ] タマネギ
  a cebola
  ア　セボーラ
- [ ] ニンジン
  a cenoura
  ア　セノーラ
- [ ] キュウリ
  o pepino
  オ　ペピーノ
- [ ] キャベツ
  o repolho
  オ　ヘポーリョ
- [ ] トマト
  o tomate
  オ　トマッチ
- [ ] ナス
  a berinjela
  ア　ベンリンジェーラ
- [ ] ピーマン
  o pimentão
  オ　ピメンタウン
- [ ] アスパラガス
  o aspargo
  オ　アスパルゴ
- [ ] ズッキーニ
  a abobrinha
  ア　アボブリーニャ
- [ ] レタス
  a alface
  ア　アウファッシ

〈食材〉果物

Track 41 CD-2

- [ ] リンゴ
  a maçã
  ア　マサン
- [ ] オレンジ
  a laranja
  ア　ラランジャ
- [ ] モモ
  o pêssego
  オ　ペセゴ
- [ ] イチゴ
  o morango
  オ　モランゴ
- [ ] サクランボ
  a cereja
  ア　セレージャ
- [ ] ブドウ
  a uva
  ア　ウーヴァ
- [ ] イチジク
  o figo
  オ　フィーゴ
- [ ] ブルーベリー
  o blueberry
  オ　ブルーベリー
- [ ] バナナ
  a banana
  ア　バナーナ
- [ ] メロン
  o melão
  オ　メラウン
- [ ] レモン
  o limão
  オ　リマウン

買い物編

〈店〉

- 市場
  o mercado
  オ　メルカード

- デパート
  o shopping center
  オ　ショッピング　センテール

- スーパーマーケット
  o supermercado
  オ　スーペルメルカード

- 食料品店
  a mercearia
  ア　メルセアリーア

- 総菜屋
  a loja de antipastos
  ア　ロージャ　ジ　アンチパストス

- パン屋
  a padaria
  ア　パダリーア

- ケーキ屋
  a confeitaria
  ア　コンフェイタリーア

- コンビニ
  a loja de conveniência
  ア　ロージャ　ジ　コンヴェニエンシア

- CDショップ
  a loja de CD
  ア　ロージャ　ジ　セーデー

- 楽器店
  a loja de instrumentos musicais
  ア ロージャ ジ インストゥルメントス　ムジカイス

- 靴屋
  a sapataria
  ア　サパタリーア

- 化粧品店
  a loja de cosméticos
  ア ロージャ ジ　コスメチコス

- 宝飾店
  a joalheria
  ア　ジョアリェリーア

- 花屋
  o florista
  オ　フロリスタ

- 本屋
  a livraria
  ア　リヴラリーア

- 文具店
  a papelaria
  ア　パペラリーア

- 玩具店
  a loja de brinquedos
  ア ロージャ ジ　ブリンケードス

- 土産物屋
  a loja de souvenir
  ア ロージャ ジ　スーヴェニール

- キオスク
  a banca
  ア　バンカ

- のみの市
  o mercado de pulgas
  オ　メルカード　ジ　プウガス

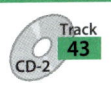

〈衣類〉種類

- [ ] シャツ
  a camisa
  ア　カミーザ

- [ ] ポロシャツ
  a camisa polo
  ア　カミーザ　ポーロ

- [ ] Tシャツ
  a camisa
  ア　カミーザ

- [ ] スカート
  a saia
  ア　サイア

- [ ] ワンピース
  o vestido
  オ　ヴェスチード

- [ ] ブラウス
  a blusa
  ア　ブルーザ

- [ ] タンクトップ
  a camisa regata
  ア　カミーザ　ヘガッタ

- [ ] ジーンズ
  o jeans
  オ　ジーンズ

- [ ] パジャマ
  o pijama
  オ　ピジャーマ

- [ ] 水着
  a roupa de praia
  ア　ホーパ　ジ　プライア

〈衣類〉色

- [ ] 金色
  dourado
  ドーラード

- [ ] 銀色
  prateado
  プラテアード

- [ ] 緑色
  verde
  ヴェルジ

- [ ] 赤紫
  roxo
  ホーショ

- [ ] 青
  azul
  アズウ

- [ ] 赤
  vermelho
  ベルメーリョ

- [ ] 黄色
  amarelo
  アマレーロ

- [ ] 紺
  azul escuro
  アズウ　エスクーロ

- [ ] 水色
  azul claro
  アズウ　クラーロ

- [ ] 黒
  preto
  プレート

買い物編

〈衣類〉デザイン

- ストライプ
  listrado
  リストラード

- 水玉模様
  em bolinhas
  エン ボリーニャス

- 花柄
  floral
  フロラウ

- チェック（柄）
  em xadrez
  エン シャドレース

- 無地
  liso
  リーソ

- カラフルな
  colorido
  コロリード

- 長袖
  mangas compridas
  マンガス コンプリーダス

- 半袖
  mangas curtas
  マンガス クルタス

- ノースリーブ
  sem mangas
  セン マンガス

- 派手な
  vistoso
  ヴィストーソ

- 地味な
  sóbrio
  ソブリオ

〈衣類〉サイズ・素材

- Sサイズ
  o tamanho P
  オ タマーニョ ペー

- Mサイズ
  o tamanho M
  オ タマーニョ エミ

- Lサイズ
  o tamanho G
  オ タマーニョ ジェー

- もっと大きいサイズ
  em tamanho maior
  エン タマーニョ マイオール

- もっと小さいサイズ
  em tamanho menor
  エン タマーニョ メノール

- もっと細い
  mais fino
  マイス フィーノ

- もっとゆったりした
  mais discreto
  マイス ジスクレート

- 綿
  o algodão
  オ アウゴダウン

- 麻
  linho
  リーニョ

- ウール
  a lã
  ア ラウン

- 革
  o couro
  オ コーロ

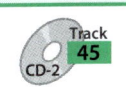

〈雑貨その他〉

- バッグ
  a bolsa
  ア ボウサ

- スーツケース
  a mala
  ア マーラ

- カメラ
  a câmera
  ア カメラ

- 腕時計
  o relógio de pulso
  オ ヘロージオ ジ プウソ

- メガネ
  os óculos
  オス オクロス

- ハンカチ
  o lenço
  オ レンソ

- 靴下
  as meias
  アス メイアス

- ストッキング
  as meias-calças
  アス メイアス カウサス

- 下着
  as roupas íntimas
  アス ホーパス インチマス
  / as roupas de baixo
  アス ホーパス ジ バイショ

- スリッパ
  as chinelas
  アス シネーラス

- 切手
  o selo
  オ セーロ

- プレゼント
  o presente
  オ プレゼンチ

- コースター
  o porta copos
  オ ポルタ コッポス

- ランチョンマット
  o jogo americano
  オ ジョーゴ アメリカーノ

- ティーカップ
  a xícara de chá
  ア シッカラ ジ シャー

- コーヒーカップ
  a xícara de café
  ア シッカラ ジ カフェー

- 皿
  o prato
  オ プラート

- つぼ
  o pote
  オ ポッチ

- びん
  a garrafa
  ア ガハッファ

- ゴミ
  o lixo
  オ リッショ

観 光 編

〈観光名所〉

- [ ] 城
  o castelo
  オ カステーロ

- [ ] 教会
  a igreja
  ア イグレージャ

- [ ] 美術館・博物館
  o museu
  オ ムゼウ

- [ ] 広場
  a praça / o largo
  ア プラッサ オ ラルゴ

- [ ] 公園
  o parque
  オ パルキ

- [ ] 遊園地
  o parque de diversões
  オ パルキ ジ ジヴェルソンイス

- [ ] 動物園
  o jardim zoológico
  オ ジャルジン ズーロジコ

- [ ] 植物園
  o jardim botânico
  オ ジャルジン ボターニコ

- [ ] テーマパーク
  o parque temático
  オ パルキ テマーチコ

- [ ] 海岸
  a praia
  ア プライア

- [ ] 要塞
  o forte
  オ フォルチ

〈観光スポットで見かける単語〉

- [ ] 入口
  a entrada
  ア エントラーダ

- [ ] 出口
  a saída
  ア サイーダ

- [ ] インフォメーション（案内所）
  o balcão de informação
  オ バウカウン ジ インフォルマサウン

- [ ] 手荷物預かり所
  o guarda-volumes
  オ グアルダ ヴォルーミス

- [ ] 開館
  aberto
  アベルト

- [ ] 閉館
  fechado
  フェッシャード

- [ ] 撮影禁止
  é proibido tirar fotos
  エ プロイビード チラール フォトス

- [ ] フラッシュ禁止
  é proibido o uso de flash
  エ プロイビード オ ウーソ ジ フラッシュ

- [ ] 故障中
  não funciona
  ナウン フンシオナ

- [ ] 危険
  perigoso
  ペリゴーソ

- [ ] 休館
  fechado
  フェッシャード

〈都市名〉

- [ ] リオデジャネイロ
  o Rio de Janeiro
  オ ヒオ ジ ジャネイロ
- [ ] サンパウロ
  São Paulo
  サウン パウロ
- [ ] ブラジリア
  Brasília
  ブラジーリア
- [ ] サルヴァドール
  Salvador
  サウヴァドール
- [ ] ベロオリゾンテ
  Belo Horizonte
  ベロ オリゾンチ
- [ ] クリチーバ
  Curitiba
  クリチーバ
- [ ] マナウス
  Manaus
  マナウス
- [ ] ベレン
  Belém
  ベレーン
- [ ] フロリアノポリス
  Florianópolis
  フロリアノーポリス
- [ ] レシーフェ
  Recife
  ヘシーフィ

〈リオデジャネイロの地区名〉

- [ ] コパカバーナ
  Copacabana
  コパカバーナ
- [ ] イパネマ
  Ipanema
  イパネーマ
- [ ] ボタフォーゴ
  Botafogo
  ボタフォーゴ
- [ ] フラメンゴ
  Flamengo
  フラメーンゴ
- [ ] レブロン
  Leblon
  レブロン
- [ ] バーラ・ダ・チジュカ
  Barra da Tijuca
  バーハ ダ チジューカ
- [ ] カンポ・グランデ
  Campo Grande
  カンポ グランジ
- [ ] レクレイオ・ドス・バンデイランテス
  Recreio dos Bandeirantes
  ヘクレイオ ドス バンデイランチス
- [ ] ジャカレパグア
  Jacarepaguá
  ジャカレパグアー
- [ ] ラランジェイラス
  Laranjeiras
  ラランジェイラス

観光編

〈リオデジャネイロの名所〉

- □ パン・デ・アスーカル
  o Pão de Açúcar
  オ パウン ジ アスーカル

- □ キリスト像
  o Cristo Redentor
  オ クリスト ヘデントール

- □ リオデジャネイロ植物園
  o Jardim Botânico
  オ ジャルジン ボターニコ

- □ サンバパレード会場
  o sambódromo
  オ サンボードロモ

- □ キンタ・ダ・ボアヴィスタ
  a Quinta da Boa Vista
  ア キンタ ダ ボア ビスタ

- □ カンデラリア教会
  a Igreja da Candelária
  ア イグレージャ ダ カンデラーリア

- □ サン・クリストヴァン市場
  a Feira de São Cristóvão
  ア フェイラ ジ サウン クリストーヴァウン

- □ サンバ博物館
  o Museu do Samba
  オ ムゼウ ド サンバ

- □ サンタ・テレーザ登山電車
  o Bondinho de Santa Teresa
  オ ボンジーニョ ジ サンタ テレーザ

- □ ペドラ・ダ・ガヴェア
  a Pedra da Gávea
  ア ペドラ ダ ガーヴェア

- □ チジュカの森
  a floresta da Tijuca
  ア フロレスタ ダ チジュカ

- □ 国立図書館
  a Biblioteca Nacional
  ア ビブリオテーカ ナシオナウ

- □ カテテ宮殿
  o Palácio do Catete
  オ パラーシオ ド カテーチ

- □ 市立劇場
  o Teatro Municipal
  オ チアトロ ムニシパウ

- □ ガベア競馬場
  o Hipódromo da Gávea
  オ イポードロモ ダ ガーヴェア

- □ リオスルショッピングセンター
  o Shopping Rio Sul
  オ シュッピング ヒオ スル

- □ 帝国宮殿
  o Palácio Imperial
  オ パラーシオ インペリアウ

- □ コロンボコーヒー店
  a Confeitaria Colombo
  ア コンフェイタリーア コロンボ

- □ ノッサ・セニョーラ・ド・カルモ教会
  a Igreja Nossa Senhora do Carmo
  ア イグレージャ ノッサ セニョーラ ド カルモ

- □ コパカバーナ要塞
  o Forte de Copacabana
  オ フォルチ ジ コパカバーナ

〈リオデジャネイロの地下鉄の駅名〉

☐ マラカナン駅
Estação Maracanã
エスタサウン　　マラカナン

☐ エスタシオ駅
Estação Estácio
エスタサウン　　エスターシオ

☐ ウルグアイアナ駅
Estação Uruguaiana
エスタサウン　　ウルグアイアーナ

☐ カリオカ駅
Estação Carioca
エスタサウン　　カリオーカ

☐ シネランジア駅
Estação Cinelândia
エスタサウン　　シネラーンジア

☐ グロリア駅
Estação Glória
エスタサウン　　グローリア

☐ カテテ駅
Estação Catete
エスタサウン　　カテーチ

☐ ラルゴ・ド・マシャード駅
Estação Largo do Machado
エスタサウン　ラルゴ　ド　マッシャード

☐ フラメンゴ駅
Estação Flamengo
エスタサウン　　フラメーンゴ

☐ ボタフォーゴ駅
Estação Botafogo
エスタサウン　　ボタフォーゴ

☐ カルデアル・アルコ・ヴェルジ駅
Estação Cardeal Arco Verde
エスタサウン　カルジアウ　アルコ　ヴェルジ

☐ シケイラ・カンポス駅
Estação Siqueira Campos
エスタサウン　　シケイラ　　カンポス

☐ カンタガロ駅
Estação Cantagalo
エスタサウン　　カンタガーロ

☐ ジェネラル・オゾリオ駅
Estação General Osório
エスタサウン　ジェネラウ　オゾーリオ

☐ シダーデ・ノヴァ駅
Estação Cidade Nova
エスタサウン　　シダージ　　ノーヴァ

☐ サン・クリストヴァン駅
Estação São Cristóvão
エスタサウン　サウン　クリストーヴァウン

☐ トゥリアージェン駅
Estação Triagem
エスタサウン　　トゥリアージェン

☐ ノヴァ・アメリカ駅
Estação Nova América
エスタサウン　　ノーヴァ　　アメーリカ

☐ パヴナ駅
Estação Pavuna
エスタサウン　　パヴーナ

☐ プラッサ・オンゼ駅
Estação Praça Onze
エスタサウン　　プラッサ　　オンジ

観光編

〈街角の単語〉

- [ ] 電車の駅
  a estação de trem
  ア エスタサウン ジ トゥレン

- [ ] バス停
  o ponto de ônibus
  オ ポント ジ オニブス

- [ ] タクシー乗り場
  o ponto de táxi
  オ ポント ジ タクシ

- [ ] 路面電車
  o bonde
  オ ボンジ

- [ ] 車
  o carro
  オ カーホ

- [ ] 自転車
  a bicicleta
  ア ビシクレータ

- [ ] 通り
  a rua
  ア フーア

- [ ] 大通り
  a avenida
  ア アヴェニーダ

- [ ] (並木のある) 大通り
  a alameda
  ア アラメーダ

- [ ] 横断歩道
  a faixa de pedestre
  ア ファイシャ ジ ペデストレ

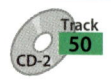

- [ ] 信号機
  o semáforo / o farol
  オ セマーフォロ　オ ファロウ
  / o sinaleiro / o sinal de trânsito
  オ シナレイロ　オ シナウ ジ トランジト

- [ ] 市役所
  a prefeitura
  ア プレフェイトゥーラ

- [ ] 病院
  o hospital
  オ オスピタウ

- [ ] 広場
  a praça
  ア プラッサ

- [ ] 公園
  o parque
  オ パルキ

- [ ] 噴水
  a fonte
  ア フォンチ

- [ ] 教会
  a igreja
  ア イグレージャ

- [ ] 橋
  a ponte
  ア ポンチ

- [ ] 交差点
  o cruzamento
  オ クルザメント

- [ ] 銀行
  o banco
  オ バンコ

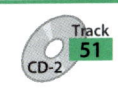

〈有名なサッカーチーム〉

□ フルミネンセ〔リオ〕
   o Fluminense
   オ　フルミネンシ

□ フラメンゴ〔リオ〕
   o Flamengo
   オ　フラメーンゴ

□ ボタフォゴ〔リオ〕
   o Botafogo
   オ　ボタフォーゴ

□ ヴァスコ・ダ・ガマ〔リオ〕
   o Vasco da Gama
   オ　ヴァスコ　ダ　ガーマ

□ コリンチャンス〔サンパウロ〕
   o Corinthians
   オ　コリンチアンス

□ サンパウロ〔サンパウロ〕
   o São Paulo
   オ　サウン　パウロ

□ パルメイラス〔サンパウロ〕
   o Palmeiras
   オ　パウメイラス

□ サントス〔サンパウロ〕
   o Santos
   オ　サントス

□ グレミオ〔ポルト・アレグレ〕
   o Grêmio
   オ　グレーミオ

□ クルゼイロ〔ベロ・オリゾンテ〕
   o Cruzeiro
   オ　クルゼイロ

〈映画のジャンル〉

□ コメディー
   a comédia
   ア　コメージア

□ 刑事もの
   o filme policial
   オ　フィウミ　ポリシアウ

□ アクション
   a ação
   ア　アサウン

□ ミステリー
   o mistério
   オ　ミステーリオ

□ ラブストーリー
   o romance
   オ　ホマンシ

□ 歴史
   o histórico
   オ　イストーリコ

□ SF
   a ficção científica
   ア　フィクサウン　シエンチフィカ

□ ドキュメンタリー
   o documentário
   オ　ドクメンターリオ

□ アニメ
   a animação
   ア　アニマサウン

□ 冒険もの
   a aventura
   ア　アヴェントゥーラ

トラブル編

〈緊急事態〉

- ☐ 警察署
  a delegacia de polícia
  ア デレガシーア ジ ポリーシア

- ☐ 盗難・強盗
  o roubo
  オ ホーボ

- ☐ 紛失
  a perda
  ア ペルダ

- ☐ スリ
  o furto / o batedor de carteira
  オ フルト オ バテドール ジ カルテイラ

- ☐ 詐欺
  a fraude
  ア フラウジ

- ☐ 遅れ
  o atraso
  オ アトラーゾ

- ☐ 交通事故
  o acidente de trânsito
  オ アシデンチ ジ トランジト

- ☐ 転倒
  a queda
  ア ケーダ

- ☐ けが
  o ferimento
  オ フェリメント

- ☐ 事故
  o acidente
  オ アシデンチ

- ☐ 火事
  o fogo / o incêndio
  オ フォーゴ オ インセンジオ

- ☐ 消防隊
  o corpo de bombeiros
  オ コルポ ジ ボンベイロス

- ☐ 救急車
  a ambulância
  ア アンブランシア

- ☐ 救急処置サービス
  o pronto socorro
  オ プロント ソコーホ

- ☐ クレジットカードを止める
  a anulação do cartão de crédito
  ア アヌラサウン ド カルタウン ジ クレジト

- ☐ クレジットカード会社
  a empresa de cartão de crédito
  ア エンプレーザ ジ カルタウン ジ クレージト

- ☐ 保険会社
  a companhia de seguro
  ア コンパニーア ジ セグーロ

- ☐ 日本大使館
  a Embaixada do Japão
  ア エンバイシャーダ ド ジャパウン

- ☐ 日本領事館
  o Consulado do Japão
  オ コンスラード ド ジャパウン

- ☐ 旅行代理店
  a agência de viagens
  ア アジェンシア ジ ヴィアージェンス

〈病気やけがをしたとき①〉

- [ ] 医者
  o médico
  オ　メージコ

- [ ] 歯医者
  o dentista
  オ　デンチスタ

- [ ] 看護師（女性）
  a enfermeira
  ア　エンフェイメイラ

- [ ] 入院
  a internação
  ア　インテルナサウン

- [ ] 内科医
  o clínico geral
  オ　クリーニコ　ジェラウ

- [ ] 外科医
  o cirurgião
  オ　シルルジアウン

- [ ] 歯医者
  o dentista
  オ　デンチスタ

- [ ] 眼科医
  o oftalmologista
  オ　オフタウモロジスタ

- [ ] 小児科医
  o pediatra
  オ　ペジアートラ

- [ ] 婦人科医
  o ginecologista
  オ　ジネコロジスタ

- [ ] 血液型
  o tipo sanguíneo
  オ　チーポ　サンギーニオ

- [ ] めまい
  a tontura
  ア　トントゥーラ

- [ ] 吐き気がする
  a ânsia de vômito
  ア　アンシア　ジ　ヴォーミト

- [ ] 寒気
  a sensação de frio
  ア　センササウン　ジ　フリーオ

- [ ] 食欲がない
  a falta de apetite
  ア　ファウタ　ジ　アペチチ

- [ ] 頭痛
  a dor de cabeça
  ア　ドール　ジ　カベッサ

- [ ] のどが痛い
  a dor de garganta
  ア　ドール　ジ　ガルガンタ

- [ ] 下痢
  dor de barriga (diarreia)
  ドール　ジ　バヒーガ　ジアヘイア

- [ ] お腹が痛い
  estar com dor na barriga
  エスタール　コン　ドール　ナ　バヒーガ

- [ ] 胃が痛い
  dor de estômago
  ドール　ジ　エストーマゴ

トラブル編

〈病気やけがをしたとき②〉

□ 背中が痛い
estar com dor nas costas
エスタール コン ドール ナス コスタス

□ 歯が痛い
estar com dor de dente
エスタール コン ドール ジ デンチス

□ 熱がある
estar com febre
エスタール コン フェブリ

□ 咳が出る
estar com tosse
エスタール コン トッシ

□ 鼻水が出る
estar com coriza
エスタール コン コリーザ

□ 下痢をしている
estar com diarreia
エスタール コン ジアヘイア

□ 風邪
o resfriado / a gripe
オ ヘスフリアード ア グリッピ

□ インフルエンザ
a influenza
ア インフルエンザ

□ 食中毒
a intoxicação
ア イントシカサウン

□ 炎症
a inflamação
ア インフラマサウン

□ 発作
a convulsão
ア コンヴウサウン

□ ぜんそく
a asma
ア アズマ

□ ねんざ
a torção
ア トルサウン

□ 骨折
a fratura óssea
ア フラトゥーラ オセア

□ 出血
o sangramento
オ サングラメント

□ 薬
o remédio / o medicamento
オ ヘメジオ オ メジカメント

□ 目薬
o colírio
オ コリーリオ

□ 抗生物質
o antibiótico
オ アンチビオーチコ

□ 処方せん
a receita médica
ア ヘセイタ メジカ

□ リップクリーム
o protetor labial
オ プロテトール ラビアウ

さくいん

【あ】

アイスクリーム(屋)	67/69/145
アイロン	57/60
青	88/151
赤(い)	42/88/151
赤紫	151
アカラジェ	144
赤ワイン	36/74/145
秋	26
アクション	159
アクセサリー	83
揚げた	146
朝	26
麻	87/152
アサイ(ジュース)	68/145
脚/足	136
味が濃い	78/80
明日	32
アスパラガス	149
頭	132/136
熱い	78
暑すぎます	64
アニメ	159
危ない!	120
脂っこい	78/146
甘い	78/146
ありがとう(ございます)	18/48
アレルギー	133
案内書	45
胃	132
いいえ	19
イエローカード	122
胃が痛い	161
イグアス	103
いくつ	23
いくら(ですか)	18/48/99
医者	40/125/161
いす	60
痛い	131/132
痛み止め	134
炒めた	146
イタリア料理	66
イチゴ(アイスクリーム)	77/149
イチジク	149
市場	82/104/150
胃腸薬	134
いつ	23
一緒に	97/105
一般席	114
いつまで	100
イパネマ	46/102/155
今	32
イヤホン	34
イヤリング	93
入口	16/154
インターネット	57/64
インフォメーション	154
インフルエンザ	162
ヴァタパー	144
ウイスキー	43
ヴィネガー	142
ウール	87/152
上	28
ウエイター/ウエイトレス	79
ウサギ肉	148
後ろ	28
内	28
腕	136
腕時計	127/153
絵	60
エアコン	60/63/141
炎症	162
映画	105
映画館	104/119
英語	71
エスカレーター	140
エビ(フライ)	75/143/148
エプロン	92
エレベーター	56/140
(日本)円	44
宴会場	56
炎症	162
エンパダン	144
鉛筆	95
おいしい	14/67/78
横断歩道	158
往復	109
(並木のある)大通り	158
大きい	42
オードブル	72
オーブンで焼いた	146
お菓子	100
お金	127
お勘定	8/80
奥	70
遅れ	160
惜しい!	120
おしゃれな	67
おすすめの	66/75/107
遅い	99
おつり	27
お手洗い	16/34/56/138
大人	114
お腹(が痛い)	132/161
お願いします	18
オムレツ	59/69
お湯	64
オリーブ(オイル)	75/143/147
折りたたみ傘	91
降りる(バスを)	111
オリンピック	121
オレンジ(ジュース)	8/36/59/88/145/149
終わる	17

【か】

カーテン	60
カート	41/45
カートン	43
開館	154
海岸(で)	126/154
会議室	52/56
解散(の)場所	108
会社員	40
会場	106
階段	140
ガイド(マップ)	106/107/125/128
カイピリーニャ	74/145
鏡	61/84
鍵	55/64/127/141
カキ[牡蠣]	142/148
学生	40
傘	91
火事	160
風邪(薬)	134/162
肩	132/136
硬い(肉などが)	78
片道	109
勝ち	122
楽器店	150
(コーヒー/ティー)カップ	79/153
カテテ(駅/宮殿)	156/157
カニ	142
カフェオレ	68
下腹部	132
ガベア競馬場	156
カボチャのスイーツ	145
カマンベール	143
カミソリ	61
紙袋	97
カメラ	153
鴨肉	148
辛い	146
カラフルな	152
カラブレーザソーセージ	142
ガレット	77
革(製の)	42/87/152
眼科医	161
玩具店	150
観光	39/104/107
看護師[女性]	161
カンデラリア教会	156
頑張れ!	120
キーホルダー	92
黄色	88/151
キオスク	150
気温	138
着替え	43
危険	154
喫煙ルーム	50/70/140
昨日	32/132
ギフト	97
気分が悪い	133
客室係	53
キャッサバフライ	144
キャベツ	149
キャンセル	140
休館	154
救急車	125/160
牛肉	35/143/148
牛乳プリン	145
キュウリ	149
今日	32
教会	154/158
教師	40
郷土料理	66
魚介の煮込み(ムケッカ、モケッカ)	76

163

居住地	139	
キリスト像	106/156	
金色	151	
禁煙ルーム	50/70/140	
銀行	12/44/158	
金属製の	42	
キンタ・ダ・ボアヴィスタ	156	
銀色	151	
クアイパ	103	
グアナバラ湾	102	
グアバスイーツ	145	
空港	139	
空腹時に	135	
くし	61	
薬	133/134/162	
口紅	136	
靴(屋)	83/150	
靴下	153	
首	136	
クリーニング	141	
クリームチーズ	143	
グリル(した)	76/146	
車	158	
グレイ	88	
クレープ	147	
クレジットカード	54/99/127/130/160	
黒(い)	42/88/151	
クローゼット	60	
燻製(にした)	146	
警察	125/128/160	
ケーキ屋	150	
ケーブルカー	105	
けが	131/160	
外科医	161	
劇場	104	
今朝	132	
景色	60	
消しゴム	95	
化粧品(店)	43/83/150	
ケチャップ	147	
血液型	161	
決勝戦	122	
解熱剤	134	
下痢	161/162	
現金	44/54	
現地時間	138	
コアリョ	143	
公園	104/154/158	
航空券	127/139	
交差点	158	
香水	94	
合成繊維	87	
抗生物質	162	
紅茶	3/59/68	
交通事故	160	
公務員	40	
コースター	153	
コース料理	72	
コート	84	
コーヒー(ラウンジ)	36/52/59/68/141	
コーラ(コカ・コーラ)	36/68/74	
国籍	139	
国内線	139	
国立	156	
ここ	115/116/117	
午後	26	
ココア	68	
ココナツアイスクリーム	67/68/77	
腰	136	
ポルトガル風煮込み	144	
こしょう[胡椒]	147	
故障中	154	
小銭	44/99	
午前	26	
骨折	162	
子供	35/83/114	
この	75/110/112	
コパカバーナ	46/102/155/156	
ゴミ	153	
コメディー	159	
コルコバードの丘	46/102	
これをください	47/98	
壊れています	63	
紺	151	
コンサート	105	
今週	32	
コンセルジュ	53	
コンセント	60	
こんにちは	18	
今晩	73	
こんばんは	18	
コンビニ	150	
【さ】		
サービス料	51	
サーモンのマリネ	142	
最上階	141	
再入場しても	116	
財布	91/127	
サインペン	95	
探しています	67	
魚	35/72/76	
詐欺	160	
先ほどの	54/132	
サクランボ	149	
サケ	148	
座席	138	
撮影	154	
サッカー	105/106/121	
砂糖	147	
寒気	161	
冷めている	78	
さようなら	18	
皿	79/153	
サラダ	69/72	
サルヴァドール	103/155	
サルピコンサラダ	144	
サングラス	91	
サンタ・テレーザ登山電車	156	
サンダル	90	
サンドイッチ(屋)	67/147	
サントス	159	
サントス・ドゥモン空港	46/112	
サンバ(パレード)	102/105/106/156	
サンパウロ	103/155/159	
試合	122	
シーツ	60/141	
シーフード料理	66	
ジーンズ	84/151	
自営業	40	
塩	147	
塩辛い	78/146	
しおり	92	
歯科医	161	
事故	160	
仕事	39	
時差	138	
静かな(席)	70	
システムエンジニア	40	
下	28	
舌	136	
下着	153	
舌平目	148	
試着する	15/94/98	
しっかりしろ!	120	
指定席	109/118	
自転車	158	
地味な	152	
ジム	56	
ジャガイモ	149	
市役所	158	
ジャケット	84	
写真	116	
シャツ	151	
シャトルバス	46	
シャワー	50/61/140	
シャンパン	36	
シャンプー	58/61/96	
集合場所	108	
自由時間	108	
住所	11/48	
自由席	114	
渋滞	48	
シュート	122	
柔道	121	
重量挙げ	121	
出血	162	
出国審査	139	
出発	138	
シュラスコ	66/76/144	
準決勝	122	
上映時間	119	
正午	25	
常設展	114	
小児科医	161	
常備薬	43	
消防隊	160	
正面席	118	
しょうゆ	147	
ショーケース	84	
食事	73/108	
食前/食後に	135	
食中毒	162	
植物園	154	
食欲がない	161	

食料品店	150	
食器	83	
ショッピングセンター	82	
処方せん	162	
ショルダーバッグ	90	
シルク	87	
シルバーの	42	
城	154	
白	88	
白ワイン	36/74/145	
シングルルーム	50/140	
信号機	158	
診断書	133	
審判員	122	
酢	147	
水泳	121	
スイカジュース	68	
数日前	132	
スーツ	84	
スーツケース	45/90/153	
スーパーマーケット	62/82/150	
スカート	84/151	
スカーフ	91	
すごい！	120	
スズキ[魚]	148	
スタジアム(で)	126	
スタッフ	53	
頭痛(薬)	134/161	
ズッキーニ	149	
すっぱい	146	
ステーキ	142	
ストッキング	153	
ストライプ	152	
スナック[ツマミ、ナッツ類]	69	
スニーカー	90	
スパークリングワイン	74/145	
スパイシー	78/146	
スポーツ(ウェア)	83/121	
スモークサーモン	142	
スリ	160	
スリッパ	153	
税関(申告書)	34/45/139	
税	51	
姓名	139	
生理中	133	
セーター	84	
セーフティーボックス	60/83	
セール品	84	
世界新記録	122	
席	34	
咳が出る	162	
石けん	58/61/96	
セット	147	
背中(が痛い)	136/162	
セロテープ	95	
専業主婦	40	
前菜	72	
選手	122	
先週	32/132	
ぜんそく	162	
セントロ	46	
全部で	99	
洗面台	61	
総菜屋	150	
ソーセージ	148	
外	28	
ソファー	60	
【た】		
タートルネック	86	
ターンテーブル	41/45/139	
タイ[鯛]	148	
体温計	57	
大丈夫です	19	
体操	121	
タオル	61/96	
タクシー	11/12/46/104/158	
タコ(サラダ)	142	
卓球	121	
棚	84	
タバコ	43	
タピオカプリン	145	
ダブルルーム	50/140	
食べ物	100/133	
タマネギ	149	
タラ[鱈]	143/144/148	
誰	23	
誰か	125	
タンクトップ	151	
炭酸入りのミネラルウォーター	74	
小さい	42	
チーズ	72/75/143/145	
チーズハンバーガー	142	
チェックアウト	54/140	
チェックイン(カウンター)	45/139/140	
遅延	138	
近くに	62	
地下鉄で	126	
チケット	127	
チジュカの森	156	
地図	55	
茶(色)	88	
着陸	138	
チャンス	122	
中華料理	66	
中くらいの大きさ	42	
昼食	141	
中心	28	
注文したもの	80	
朝食(代)	51/141	
チョコレートケーキ	69/77/145	
ツインルーム	50	
通路(側)	38/118/138	
次の	122	
つぼ	153	
手	136	
テイクアウト	147	
定刻	138	
帝国宮殿	156	
ティッシュ	96	
定年退職者	40	
ティラミス	145	
テーブル(クロス)	１0/60/92	
テーマパーク	154	
出口	154	
デザート(メニュー)	71/72	
手帳	92/127	
テニス	121	
手荷物預かり所	154	
デパート	150	
手袋	91	
テレビ	60/141	
店員(※男女別)	84	
電球	64	
電車の駅	158	
電池	96	
転倒	160	
電話	63	
ドアマン	53	
トイレ／お手洗い	34	
トイレットペーパー	58	
どういたしまして	19	
当日券	118	
搭乗口・搭乗券	139	
到着(時刻)	138	
同点	122	
盗難(届)	130/160	
動物園	154	
(バター)トースト	69	
トートバッグ	92	
通り	158	
ドキュメンタリー	159	
特産品	14	
特別食／特別展	35/114	
どこ	23	
図書館	156	
とても	80	
隣り合わせで	118	
どのように	23	
トマト(サラダ／ジュース)	36/142/149	
ドライ	146	
ドライヤー	57	
トランク	47	
鶏(肉／むね肉)	35/75/76/143/148	
トリプルルーム	50/140	
ドリンクメニュー	71	
(アメリカ)ドル	44	
【な】		
内科医	161	
内線番号	140	
ナイフ	79	
長袖	86/152	
なくしました	127	
ナス	149	
なぜ	23	
夏	26	
七部袖	86	
なに[何]	23	
生の	146	
生ビール	68/74/145	
苦い	146	
肉(料理)	72/148	
日本	34/106/122/138	
日本語	107/115/125	
日本酒	43	

日本語	ページ
日本大使館／領事館	128/160
日本料理	66
荷物(棚)	38/54/55/62/116
荷物受取所	41/139
入院	161
乳液	94
入国(カード／審査)	34/45/139
入場料	108
庭	50
ニンジン	149
妊娠中	133
布製の	42
ネクタイ	91
熱がある	133/162
ネックレス	93
寝る前に	135
ねんざ	162
ノースリーブ	86/152
ノート	95
ノッサ・セニョーラ・ド・カルモ教会	156
のど(が痛い)	136/161
のみの市	150
飲み物	72/73
乗り換え	110
乗り継ぎ	45/139

【は】

日本語	ページ
歯	136
バー／バール	56/67/106/141
バーラ・ダ・チジュカ	102/155
はい	19
歯医者	161
ハイネック	86
ハイヒール	90
歯が痛い	162
吐き気	161
白米	142
箱に入れて	97
はさみ	95
橋	158
始まる	17
パジャマ	151
バス(停／乗り場)	46/107/111/158
バスケットボール	121
パスタ	35
バスタブ	50/61
パステル	144
パスポート	45/127/139
バスルーム	140
バター	147
バッグ	83/127/153
パッションフルーツジュース	74
派手な	152
バドミントン	121
鼻	136
花柄	152
バナナ(ジュース)	68/149
鼻水が出る	162
花屋	150
パン屋	82
バニラアイスクリーム	77
パパイヤクリームカシス添え	77
パフェ	77/145
歯ブラシ	61/96
歯磨き粉	96
ハム	69/148
早い	27
春	26
パルメザン	143
バレーボール	121
パン	35/59/75/80
パン・デ・アスーカル	102/106/156
ハンガー	84
ハンカチ	91/153
絆創膏	134
反則	122
半袖	86/152
パンツ	84
判定	122
ハンドクリーム	94
ハンドバッグ	90
ハンバーガー	147
パンフレット	107
パン屋	150
ピアス	93
ビーチサンダル	90
ビーチバレー	121
ピーマン	149
ビール	36/145
日帰りツアー	107
ひき肉	148
引き分け	122
ピザ	69/144/177
美術館／博物館	104/154
非常口	34/138
左	28
羊肉	148
ひったくりに遭いました	126
ビニール製の	42
日焼け止めクリーム	94
冷やした	146
病院	128/131/158
美容室	56
昼	26
広場	154/158
びん	153
便(名)	139
ピンク	88
ピンセット	94
便座	58/95
ピンチ	122
ファーストフード店	67
ファックスを送る	54
ファロッファ	142
ファンデーション	94
封筒	58/95
プール	52/56/141
フェイジャン	142
フェイジョアーダ	76/144
フェンシング	121
フォーク	79
服飾雑貨	83
副審(線審)	122
婦人(服／靴)	83
婦人科医	161
豚肉	35/148
フットサル	121
ブドウ	149
冬	26
フライドチキン	147
フライドポテト	147
ブラウス	84/151
プラグの交換アダプター	57
ブラジリア	103/155
ブラジル産	100
ブラジル料理	66
フラッシュ禁止	154
フラメンゴ(駅／海岸)	102/155/157/59
フランス料理	66
プリン一切れ	77
ブルーベリー	149
ブレスレット	93
プレゼント	153
フレッシュオレンジジュース	68
触れる	15
ブローチ	93
フロント	53/140
文具店	150
紛失(物)	41/130/160
噴水	158
ヘアドライヤー	61
ヘアバンド	93
閉館	154
ペイシャーダ	144
ベーコン	148
ベージュ	88
ベジタリアン(食)	35/66
ベッド	60/141
別々に	80/97
ペドラ・ダ・ガヴェア	156
部屋を替える	54
ベルト	91
ベルボーイ	53
ベレン	103/155
ベロオリゾンテ	103/155
ペンダント	93
冒険もの	159
帽子	91
宝石店／宝飾店	82/150
ボール	122
ボールペン	95
ボクシング	121
保険(会社)	131/160
ボサノヴァ	104/105
ポストカード	95
ボタフォゴ(駅／海岸)	102/155/157/159
発作	162
ホットドッグ	144
ボディーソープ／ローション	61
ポテトフライ	142/143
ホテル	40/103/128/140
ポルトガル語がわかりません	129
ポルトガル料理	66
ポロシャツ	151
本屋	82/150

さくいん

【ま】
マウスパッド・・・・・・・・・92
前・・・・・・・・・・・・・・・28
マグカップ・・・・・・・・・・92
枕・・・・・・・・・・34/60/141
マグロ・・・・・・・・・・・・148
負け・・・・・・・・・・・・・122
マスカラ・・・・・・・・・・・94
マスタード・・・・・・・・・147
マテ茶・・・・・・・・・・・・145
窓(側)・・・・・・38/60/70/138
マナウス・・・・・・・・103/155
マニキュア・・・・・・・・・・94
マフラー・・・・・・・・・・・91
迷っています・・・・・・・・・98
マヨネーズ・・・・・・・・・147
マラカナン(駅/スタジアム)・102/157
マラソン・・・・・・・・・・・121
マリネ(した)・・・・・・・・146
マンジュビーニャ・・・・・・143
真ん中・・・・・・・・・・・・28
万年筆・・・・・・・・・・・・95
右・・・・・・・・・・・・・・・28
ミサンガ・・・・・・・・・・・93
水・・・・・・・・・・・・・・・9
水色・・・・・・・・・・・・151
水着・・・・・・・・・・83/151
水玉模様・・・・・・・・・・152
ミステリー・・・・・・・・・159
道・・・・・・・・・・・・・・126
ミックスサラダ・・・・・76/142
ミックスフルーツ・・・・・・・77
緑(色)・・・・・・・・・88/151
ミナス(風)・・・・・・・76/143
ミネラルウォーター・・36/74/145
身の回りのもの・・・・・・・・43
耳・・・・・・・・・・・・・・136
土産物店/お土産屋・・・104/150
ミュージカル・・・・・・・・105
ミュール・・・・・・・・・・・90
ミルク・・・・・・・・・・・・59
ムール貝・・・・・・・・・・148
ムケッカ・・・・・・・・・・・66
無地・・・・・・・・・・・・・152
虫除け・・・・・・・・・・・134
無線LAN・・・・・・・・・・・57
胸が苦しい・・・・・・・・・133
紫・・・・・・・・・・・・・・88
無料・・・・・・・・・・・・115
目・・・・・・・・・・・・・・136
メイク落とし・・・・・・・・・94
明細書・・・・・・・・・・・・44
名刺・・・・・・・・・・・・・55
メインディッシュ・・・・・・・72
メガネ・・・・・・・・・・・153
目薬・・・・・・・・・・・・162
目覚まし時計・・・・・・・・・63
目玉焼き・・・・・・・・・・・59
(金/銀/銅)メダル・・・121/122
メニュー・・・・・・・・9/71/79
めまい・・・・・・・・・・・161
メモ帳・・・・・・・・・・・・95
メロン・・・・・・・・・・・149
綿・・・・・・・・・・・・87/152
免税店・・・・・・・・・・・・82
もう(一つ/1泊/1枚)・・・・36/54/58/97
もう少し〜・・・・・・・・・100
毛布・・・・・・・・34/60/138/141
目的地・・・・・・・・・・・138
モケッカ・・・・・・・・・・・66
持ち帰り・・・・・・・・・・147
持ち込み禁止品・・・・・・・139
モッツァレラ・・・・・・76/143
もっと・・・・・・・・・・・・98
もっと大きい/小さい・・・・152
モモ・・・・・・・・・・・・149
最寄りの・・・・・・・・・・112
モルタデーラサンドイッチ・・69/145

【や】
八百屋・・・・・・・・・・・・82
焼きソーセージ・・・・・・・143
野菜の煮込み・・・・・72/76/142
ヤセイカンラン・・・・・・・142
薬局・・・・・・・・・・・・・82
柔らかい・・・・・・・・・・・78
遊園地・・・・・・・・・・・154
夕方・・・・・・・・・・・・・26
優勝・・・・・・・・・・・・122
夕食・・・・・・・・・・・・141
友人・・・・・・・・・・・・・40
有料(チャンネル)・・・・60/115
床・・・・・・・・・・・・・・61
ゆでた・・・・・・・・・・・146
ゆで卵・・・・・・・・・・・・59
指・・・・・・・・・・・・・・136
指輪・・・・・・・・・・・・・93
湯沸かしポット・・・・・・・・57
酔い止め[乗り物]・・・・・・134
要塞・・・・・・・・・・・・154
ヨーグルト・・・・・・・・・・59
浴室・・・・・・・・・・・・・61
予選・・・・・・・・・・・・122
予約(したい)・・・10/54/73/140
夜・・・・・・・・・・・・・・26

【ら】
来週・・・・・・・・・・・・・32
ライト・・・・・・・・・・・・60
ラブストーリー・・・・・・・159
ランチョンマット・・・・・・153
リオオルショッピングセンター・156
リオデジャネイロ(植物園)・・・155
陸上競技・・・・・・・・・・121
リコッタ・・・・・・・・・・143
リップクリーム・・・・・・・162
リボンをかけて・・・・・・・・97
リモコン・・・・・・・・60/141
リュック・・・・・・・・・・・90
量・・・・・・・・・・・・・・80
両替(所/計算書)・・・・・44/45
料金・・・・・・・・・・・・140
領収書・・・・・・・・47/55/99
料理人・・・・・・・・・・・・79
緑茶・・・・・・・・・・・・・36
旅行代理店・・・・・・・128/160
離陸・・・・・・・・・・・・138
リンゴ・・・・・・・・・・・149
リンス・・・・・・・・58/61/96
レアル[通貨]・・・・・・・・・44
冷蔵庫・・・・・・・60/63/141
歴史・・・・・・・・・・・・159
歴史的建造物・・・・・・・・104
レジ・・・・・・・・・・・・・84
レシフェ・・・・・・・・103/155
レストラン・・・・・52/56/66/126
レスリング・・・・・・・・・121
レタス・・・・・・・・・・・149
レッドカード・・・・・・・・122
レブロン・・・・・・・・・・155
レモネード・・・・・・・・・・68
レモン・・・・・・・・・・・・68
ローストした・ローストビーフ・・・・・・・・・144/146
ローヒール・・・・・・・・・・90
ロッカー・・・・・・・・・・115
ロドリゴ・デ・フレイタス湖・・102
ロビー・・・・・・・・・53/140
路面電車・・・・・・・・・・158

【わ】
ワールドカップ・・・・・・・121
ワイシャツ・・・・・・・・・・84
ワイン・・・・・・・・・・43/71
和食・・・・・・・・・・・・・35
ワンピース・・・・・・・84/151

【数字・英語】
〜階・・・・・・・・・・・・141
〜位・・・・・・・・・・・・122
〜時・・・・・・・・・・24/25
〜番目・・・・・・・・・・・・22
1ヵ月/1週間/1年・・・・・・27
1泊・・・・・・・・・・・・・51
1人あたり・・・・・・・・・・51
10日間・・・・・・・・・・・36
CDショップ・・・・・・・・・150
ICカード(バス)・・・・・・・109
iPad・・・・・・・・・・・・127
OKです・・・・・・・・・・・19
S/M/Lサイズ・・・・・89/152
SF・・・・・・・・・・・・・159
S席・・・・・・・・・・・・114
Tシャツ・・・・・・・・84/151
Vネック・・・・・・・・・・・86
WIFI・・・・・・・・・・・・・57

● 著者紹介

浜岡　究（はまおか　きわむ）

リスボン大学文学部講師などを経て、現在は拓殖大学言語文化研究所講師、NHKラジオ・ポルトガル語講座講師などを務める。主な著書に『はじめてのポルトガル語』（講談社現代新書）、『ゼロから話せるブラジル・ポルトガル語　会話中心 改訂版』（三修社）、『たったの72パターンでこんなに話せるポルトガル語会話』（明日香出版社）などがある。

アンドレア・ヴァレスカ・ロペス・モンテイロ（Andrea Valesca Lopes Monteiro）

リオデジャネイロ市イパネマ出身。リオデジャネイロ連邦大学（UFRJ）ポルトガル語学科卒業。日本ではDILA国際語学アカデミーなどでポルトガル語を教える。共著書に『ブラジル・ポルトガル語リスニング』（三修社）がある。

◎「ポルトガル語の基礎知識」と単語インデックスは浜岡が担当執筆し、本章は浜岡とAndrea Valescaとの共同執筆です。

カバーデザイン	滝デザイン事務所
カバー・本文イラスト	クリヤセイジ
本文DTP	オッコの木スタジオ
カラー口絵	花本浩一
ナレーション協力	ダニエル・リマ（Daniel Lima）
音声録音・編集・CD制作	高速録音株式会社
写真提供	株式会社アルファインテル南米交流／三宅美千代

単語でカンタン！　旅行ブラジル・ポルトガル語会話

平成26年（2014年）5月10日　初版第1刷発行

著　者　浜岡　究／アンドレア・ヴァレスカ・ロペス・モンテイロ
発行人　福田富与
発行所　有限会社　Jリサーチ出版
　　　　〒166-0002　東京都杉並区高円寺北 2-29-14-705
　　　　電　話　03(6808)8801(代)　FAX 03(5364)5310
　　　　編集部　03(6808)8806
　　　　http://www.jresearch.co.jp
印刷所　株式会社　シナノ パブリッシング プレス

ISBN978-4-86392-188-7　禁無断転載。なお、乱丁・落丁はお取り替えいたします。
© 2014 Kiwamu Hamaoka, Andrea Valesca Lopes Monteiro, All rights reserved.

ポルトガル語を公用語とする国・地域

※○内の島などは実際より大きめに表示しています。

- ポルトガル
- アソーレス諸島（ポルトガル領）
- マデイラ諸島（ポルトガル領）
- カーボヴェルデ
- ギニアビサウ
- ブラジル
- サントメ・イ・プリンシペ
- アンゴラ